단말마 문재인 한국 대통령
수호령의 영언

2019 년 8 월 31 일 수록
(행복의 과학 특별 설법당에서)

오오카와 류우호오

행복의 과학 출판

목차

6

'영언 현상(靈言現像)'이란 저 세상 영존재의 말을 말로써 내리는 현상을 말한다. 이것은 고도의 깨달음을 얻은 자 특유의 능력이며, '영매 현상'(트랜스 상태가 되어 의식을 잃고 영이 일방적으로 말하는 현상)과는 다르다. 외국인 영의 영언일 경우에는 영언 현상을 하는 사람의 언어중추로부터 필요한 말을 골라내어 일어로 말하는 것도 가능하다.

또 인간의 혼은 원칙적으로 6명 그룹으로 이루어졌으며, 저 세상에 남아있는 '혼의 형제' 중 한 명이 수호령을 맡고 있다. 즉, 수호령이란 실은 자기자신 혼의 일부다. 따라서 '수호령 영언'이란 이른바 본인의 잠재의식에 액세스한 것이며, 그 내용은 그 사람이 잠재의식에서 생각하는 것(본심)이라고 생각해도 좋다.

한편, '영언'은 어디까지나 영인(靈人)의 의견이며, 행복의 과학 그룹의 견해와 모순되는 내용을 포함할 때가 있다는 점을 덧붙여 두고자 한다.

머리말

 드디어 일본의 매스컴도 공식적으로 한국 비판과 문재인 대통령 비판을 일제히 시작한 것 같다.

 문재인 대통령의 본심을 살피기 위해 세 번째 수호령 리딩을 해보았다. 당일 8월 31일, 한국 국회의원 6명이 시마네현(島根縣)의 다케시마에 상륙해서 괴상한 기염을 토하여, 일본 정부가 여느 때처럼 '불법 상륙한 것은 정말 유감이다'라고 발표한 것을 알았던 것은 본 수록을 마친 몇 시간이나 뒤의 일이다.

 일본의 좌익계 매스컴도 '시마네현의 다케시마에 상륙'이라고 전했던 것이 다소 이상하게 느껴졌지만, 문재인 씨가 너무나도 기행(奇行)이 많기에 일본 국론이 바뀌고 있는지도 모르겠다.

 이 수준의 대통령이 계속되는 것은 한국의 불행이며, 눈물을 금할 수 없다. 북한 및 한국은 다 세계에서 고립하고 있다고 솔직하게 인정하는 편이 좋을 것이다.

2019년 9월 3일
행복의 과학 그룹 창시자 겸 총재 오오카와 류우호오

문재인 (1953 ~)
대한민국의 대통령. 경희대학교 졸. 재학 중에 박정희 정권에
대한 민주화 운동으로 투옥된다. 1980년, 사법시험에 합격하
여 변호사가 되자, 82년에 후의 대통령이 된 노무현 씨와 법률
사무소를 개업. 노무현 정권 발족 후에는 대통령 비서실장 등
을 역임한다. 그 후 '더불어민주당' 대표 등을 거쳐서 2017년
5월, 제19대 대통령으로 취임.

질문자

아야오리 지로(綾織次郎)
행복의 과학 상무이사 겸 종합지 편집국장 겸 '더 리버티'
편집장 겸 HSU강사

이치카와 가즈히로(市川和博)
행복의 과학 전무이사 겸 국제본부장

후지이 미키히사(藤井幹久)
행복의 과학 종무본부 특명담당 국제정치국장 [참사]

※[질문 순. 지위는 수록 시점의 것]

1. 급격하게 악화한 아시아 정세, 일본의 국가전략을 살핀다

보수계 잡지에서 '안녕' 이라는 말을 들은 한국

오오카와 류우호오 현재 국제정세가 여러 가지로 움직이고 있습니다만, 아시아 부근이 심상치 않게 되어가고 있습니다. 홍콩도 지금 좀 어수선한 모습입니다만, 또 하나, 근미래에 아무래도 큰 문제가 될 것으로 생각되는 한반도에 대해서는 거의 전망이 서지 못한 상태입니다.

한국의 문재인 대통령에 관해서는 이미 2017년에 수호령 영언을 냈고*, 그 후 한반도의 남북대화도 시작되었으므로, 2018년에는 문재인 대통령과 김정은 위원장의 수호령 영언을* 냈습니다. 그렇게 2년 계속해서 냈습니다만, 올해 (2019년) 는 아직 내지 않았습니다.

지금 아베 정권 아래에서 '한국과 일본과의 관계는 최악 상태가 되어가고 있다' 라고 하는 설도 있습니다. 다만 지금 이상으로 나쁜 시대가 있었을지도 모르므로 뭐라고 할 수 없습니다만, 지금 '최악이지 않은가' 라고도 말해지고 있습니다.

일본의 보수계 잡지 등에서도, 예를 들면 '안녕, 한국!' ('WiLL' 10월호 별책) 이라든지, '병근 (病根) 은 문재인'('정론' 10월호) 등의 제목으로 특집을 짜는 잡지도 있는 상황이며, 분명히 말해서 싫은 느낌이 감돌고 있습니다.

이전에 하토야마 유키오(鳩山由紀夫) 전 수상이 서울에 가서 '무릎 꿇고 사죄'를 한 사진이 이 잡지에도 실리거나 했습니다만, 이것도 싫은 느낌입니다. 이따위 행위를 하기에 한층 더 까다로워지고, 저쪽에서는 아베 총리의 가면을 써서 무릎 꿇고 사죄를 하는 퍼포먼스가 행해지거나 하는 것이겠지요.

최근에도 한국에서는 '반 아베' 데모 등이 행해지고 있습니다만, 한편에서는 '반 문재인' 데모도 행해지고 있어서, 사실은 그쪽이 '반 아베' 데모보다도 규모가 컸는데도 보도는 되지 않았다는 식으로 들었습니다.

예를 들면 '반 아베'에서는 5만 명 규모의 데모가 있었다고 하면, '반 문재인'에서는 8만 명 규모의 데모가 있어도 보도하지 않거나, 기껏 3000명 정도라는 식으로 보도하는 등, 여러 가지로 조작되고 있는 것 같습니다.

하지만 뭔가 갑자기 솟아 나온 느낌은 부정할 수 없습니다. 남북문제, 한국과 북한 관계가 진전하지 않게 되었을 무렵부터 '이제부터 어떻게 해야 하는가', '어떻게 되어야 하는가', 혹은 '어떻게 될 것인가'에 대해, 2019년 단계에서 일정한 견식이 필요하지 않을까 생각합니다.

아베 내각으로서도 일정한 방침을 가져둘 필요가 있으며, 단지 '사이가 나쁘다'라는 것만으로는 안 될 것입니다. 이미 대화도 하지 않는 상태가 된 것 같고, 트럼프 대통령 등도 한국을 다소 등져버린 것 같은 느낌도 있어서 예측을 불허하는 상황입니다.

* 2017년에 수호령 영언을 냈고……《문재인 한국 새 대통령 수호령 인터뷰》(행복의 과학 출판 간행) 참조.
* 2018년에는~……《문재인 수호령 vs. 김정은 수호령》(행복의 과학 출판 간행) 참조.

통치 능력이 없으므로 '반일'로 구심력을 만드는 한국

오오카와 류우호오　우리는 이전에 한국의 연속 TV 드라마 '겨울연가' 등이 유행하여, 배우 배용준을 동경하는 일본인이 늘어나거나, 여배우 최지우 등도 인기가 있거나 해서, 한류 붐이 있었던 시대를 그립게 기억하는 세대입니다.

그 시기에 나도 '어떻게 해서라도 한국어를 마스터하자'라고 생각하고 '겨울연가'의 DVD를 사서 전편을 세 번이나 반복해서 본 적도 있었습니다. 결국 마스터는 못했습니다만…….

그 시절과 비교하면 상당히 환경은 나빠졌다는 느낌이 듭니다.

그 후 보수계 대통령도 나왔지만, 보수계여도 대체는 반일이었고, 이번 문재인 씨와 같은 좌익적인 변호사가 대통령이 되어도 역시 반일이며, 통치 능력이 없는 만큼 한층 더 '반일'을 구심력으로 삼아서 하는 식으로밖에 보이지 않는 면도 있습니다.

일본 측 보수계 잡지 등도 말이 점점 심해지고는 있으므로 '과연, 어떻게 된 걸까'라고 느껴지는 상황입니다.

행복의 과학도 한국에 지부가 있기는 있습니다만, 신자 수가 침체한 느낌은 있고, 나 쪽도 10년쯤 전에 한국에 강연하러 간 적은 있습니다만, 어쩐지 가기 어려운 분위기도 나오고는 있습니다. 잘은 모르겠습니다만, 어쩌면 '한국 비판의 숨은 최대 우익이 나일지도 모른다'라는 염려가 없는 것도 아닙니다.

'몇백 년 전의 나라' 인 것 같아서 , 사고의 흐름 을 알 수 없다

오오카와 류우호오 한국은 톱 (TOP) 이 한 명 바뀐 것만으로도 대단히 달라지는 나라입니다 . 대통령이 바뀌면 전 대통령을 붙잡아서 교도소에 집어넣거나 , 재산을 몰수하거나 하는 이상한 나라이며 '몇백 년인가 전의 나라' 를 보는 것 같은 느낌이 들어서 아무래도 말끔하지 않습니다 .

사고의 흐름도 역시 잘 알 수 없는 면이 있습니다 . '왜 그런 사고의 흐름이 되는 걸까'를 잘 알 수 없습니다 . 오키나와 (沖繩) 주민의 생각이 언제나 중앙정부와 다르다는 것과 조금 흡사한 면이 있는지도 모르겠습니다 .

어제 (2019 년 8 월 30 일), '미군이 가장 두려워한 남자 , 그 이름은 가메지로' 라고 하는 오키나와 활동가인 세나가 가메지로 (瀬長龜次郎) 의 도큐먼트를 보고 있었습니다만 '저런 식으로 되는 걸까' 라는 느낌이 듭니다 .

오키나와에서는 지난 2 차대전 때 , 미군이 상륙함으로써 도민 (島民) 중 4 분의 1 이 세상을 떠났습니다 . 그러니까 지금은 미군기지가 있음으로써 경제적으로 윤택해진 면도 있는 한편 , 4 분의 1 이나 되는 사람이 죽임을 당했기에 미국 시정 (施政) 아래에서도 '반미운동' 이 뿌리 깊었다는 것은 이해가 되고 , 그것이 정말로 좌익인가 아닌가는 좀 알 수 없는 면도 있습니다 . '미군을 쫓아내고 싶은 운동' 과 같은 것이라면 사실은 좌익인지 우익인지를 알 수 없는 면도 있습니다만 '분한 마

음' 만은 잘 이해할 수 있을 것 같은 느낌은 듭니다. 그 감정
은 이해할 수 있는 면도 있습니다.

다만, 현시점의 국제정세를 보는 한, 중국의 패권주의가 강
해져서 홍콩이나 대만 등이 위험해지고 있으며, 오키나와도
위험한 상황이기는 합니다.

물론, 오키나와에서 미군기지를 철거하는 것 자체는 가능할
지도 모르겠습니다만, 그렇게 되면 일본은 제대로 국방군을
만들어서 '주권국가' 라고 판단할 수 있게 되어야만 할 것입니
다.

하지만 그와 같이 못하는 상황 속에서 미군이 철수하게 되면
완전히 무방비 상태가 되기 때문에, 중앙정부로서는 그렇게
간단히는 못한다는 것은 아는 셈입니다. 따라서 이것은 '힘겨
룸' 이 됩니다만, 주민감정과 똑같은 방향으로는 되지 않습니
다.

오키나와에서 볼 때, 북한이 쏜 미사일을 격추하기 위한 이
지스 어쇼어(지상 배치형 방위 시스템)를 아키타현(秋田縣)
에 두려고 했더니, 거기에 반대한 사람이 참의원 의원선거에
서 이긴 것을 보면, 역시 '본토 쪽은 상당히 이기적이다' 라는
식으로 보일 것으로 생각됩니다.

일본 국내에서도 그런 식이어서 그다지 안정된 상태는 아니
겠습니다만, 특히 문재인 씨와 아베 총리는 어쩐지 '뜻이 맞
지 않는' 느낌이 강하게 나와 있다고 생각됩니다.

신문 광고에서는 복자 (伏字) 까지 사용되는 문재인 대통령

오오카와 류우호오 신문 광고에서는 복자 (伏字) 가 되어있었습니다만 '문재인 씨는 치매에 걸린 것이 아닐까' 라는 잡지 기사까지 나와 있었습니다.

 확실히 비슷한 이름의 것을 잘못 말하거나, 말레이시아에서 대통령과 만났을 때 인도네시아 말로 인사하거나 하는 등 조금 수상한 면도 있으므로 그런 목소리까지 나오기 시작한 것 같습니다.

 이처럼 말하기 시작하면 끝이 없습니다만, 일본이 한국에 대해 말을 하면 대체로 헤이트 스피치 (혐오 연설) 로 인정되어 버립니다. 하지만 한국이 말하는 것은 모조리 헤이트 스피치에 가까우므로 공평한 느낌은 들지 않습니다만, 저쪽 생각으로는 '"백 년 너머" 의 역사 인식에서 보면 그것이 공평한 것이다' 라고 생각하고 있을 것입니다.

 요즘은 조금 분위기가 바뀌고 있을지도 모르겠습니다만, 사고하는 형태 자체는 중국 등도 비슷해서, 이전에 중국 보도관은 반드시 '완전한 부정' 이라고 할까, 정반대의 말을 하는 일도 있었습니다. 사실이 있든 없든, 일방적으로 전부를 부정하는 식으로 말하므로, 다소 비슷한 느낌은 받습니다.

 '조금 추워서 고추 등이 들어간 문화권이 되면 모두 이런 식일까'라고 생각되는 면도 있습니다만, 아마도 중국의 동정 (動靜) 과 한반도 정세가 연동하는 것으로 생각됩니다.

북한에 대한 트럼프 대통령의 의도란

오오카와 류우호오 특히 지금 토픽으로서 말해야 할 것은, 북한이 미사일 발사를 한 것에 대한 트럼프 씨의 태도입니다. 조금 전에는 트럼프 씨가 김정은 씨와 만나서 판문점에서 회담도 했던 (2019 년 6 월 30 일) 셈입니다만, 그 후 북한이 단거리 미사일 등을 쏘아도 트럼프 씨는 '미국의 위협은 되지 않는다. 약속 위반은 아니다' 라는 식으로, 단거리 미사일은 문제가 없다는 식의 말을 하고 있습니다. 이것은 조금 알 수 없는 부분입니다.

확실히 '아메리카 퍼스트', 미국의 방위 중심으로 생각하면 중거리 미사일 이상이 되면 문제가 생깁니다만, 단거리 미사일이라면 미국까지 도달하지 않으므로 '아무래도 좋다' 고 생각하는 것처럼 보이지 않는다고도 할 수 없습니다.

다만, 트럼프 씨의 저 성질에서부터 본다면 '단거리는 얼마든지 쏘아도 좋아' 라고 본심에서부터 말하리라고는 생각되지 않는 부분이 있습니다.

만일 내가 트럼프 씨의 입장이라면 '단거리 미사일을 쏘아노 그런 것은 약속 위반이 되지 않기에 관계없다. 위협은 아니다' 라고 계속 말할 경우, 생각할 수 있는 상황은 다음 두 가지밖에 없습니다.

방심시켜 두고 김정은 씨를 급습한다

오오카와 류우호오　하나는, 그렇게 말하여 방심시켜 두고, 북한의 김정은 씨를 급습할 경우입니다. '속임수' 지요. 방심 시켜서 급습한다. (미사일) 실험 등을 기분 좋게 하다가 거 처가 특정될 때 핀포인트로 급습할 가능성이 하나 있다고 생 각합니다. 그럴 때 '아무것도 아니다' 라는 식의 말을 해서 방 심시키는 방법이 하나 있습니다.

　내가 그의 입장이라면, 어쩌면 할지도 모르겠습니다. 미국의 정보 소식통과 대화하여 김정은 씨의 거처를 특정할 수 있으 면, 예를 들어 발사 실험을 할 때는 반드시 그 부근에 있으므 로 '어느 정도로 할 수 있는가? 핀포인트로 노릴 수 있는가? 참수 작전을 할 수 있는가' 라고 물으면 '몇십 퍼센트의 확률 로 할 수 있다' 등으로 아마 대답할 것으로 생각됩니다. 그 상 황 속에서 가장 좋은 기회를 노릴 가능성이 하나 있습니다.

중국의 패권주의를 쓰러뜨린다

오오카와 류우호오　또 하나의 가능성은 중국에 대한 문제입 니다. (미국은 중국을) 관세로 심하게 흔들어대고 있습니다. 사실은 '북한을 부수고 나서 중국으로' 라는 순서지만, 중국 자체를 관세로 흔들어 보았더니 의외로 약하므로 '이것은 중

국 자체의 패권주의, 일대일로(一帶一路) 구상 및 경제적인
확장, 이것들을 쳐부술 수 있는 게 아닐까'라는 식으로 트럼
프 씨가 보고 있을 가능성은 있다고 생각됩니다.

중국은 의외로 약하므로 이것을 심하게 흔들어서 경제적으
로 급강하시켜 버리면, 시진핑 국가주석 정권은 이제 안정적
인 상태는 아니게 됩니다. 암살 미수도 이미 몇 번이나 일어
나고 있으므로 '정권이 망하는 것이 아닐까'라고 보고 있을
가능성이 있습니다.

만일 '중국을 쓰러뜨릴 수 있다'라는 것이라면 북한이나 한
국 등은 미국에서 볼 때 그다지 큰 문제가 아니게 됩니다. 중
국 쪽을 더는 의지할 수 없게 되면, 자동으로 미일, 특히 미
국 중심의 생각 쪽으로 다가가는 것 이외에 (북한이나 한국
이) 살아갈 도리는 없게 되고, 거기에 파고드는 러시아 세력
을 여기저기서 견제하려고 하는 것 같은 식으로도 보입니다.

이 부분이 지금 보이는 중입니다만, 이 부분은 극비일 터이
므로 좀처럼 밝혀지는 일은 없을 것으로 생각됩니다.

한국에 대한 외교 국가전략이 설 수 있는 길을 제시하고 싶다

오오카와 류우호오 그런 와중에 문재인 씨가 지금 어떻게 생
각하는가? 과거에 말한 것에서부터 분석하여, 북한에 대해,

19

일본에 대해, 미국에 대해, 중국에 대해, 지금 어떤 생각을 하고 있는가? 그 본심을 캐물을 수 있다면 다소 일본의 침로(針路)에 관한 방침을 제시할 수 있을지도 모른다고 생각합니다.

어제 가나가와현(神奈川縣)에서 '제7회 아프리카 개발 회의'가 막 끝났습니다만, 저것을 보면 중국의 일대일로에 대항하여 아프리카에 구로다(黒田) 일본은행이 적극 융자를 해가려고 하고 있습니다.

'구로다 바주카포의 이차원(異次元) 융자 편'이라고 하는, 구로다 씨 수호령이* 말하는 대로 하면서 대항하는 자세를 보이므로, 구로다 씨나 아베 씨는 행복의 과학 의견을 충분히 읽은 다음에 하는 것으로 생각됩니다. 참고로 하고 있다고 생각할 수는 있으므로, 이 한국에 대한 것, 북한에 대한 것도 나아갈 길을 제시해 주면, 일단 정부로서 움직여야 할 도리를 예측할 수 있는 것이 아닐까 생각하고 있습니다.

행복실현당 만으로는 아직 거리선전 정도밖에 못하므로, 실제로 나라를 움직일 수 있는 사람들 쪽에도 그런 도리는 보여 둘 필요가 있다고 생각하고 있습니다.

서론으로서는 이상입니다. '머리가 어떻게 된 것이 아닐까'라고까지 말해지는 문재인 씨입니다만, 심경이 바뀌었는지 아닌지를 조사하여, 게다가 국가전략을 세울 수 있는 정보를 뭔가 끌어낼 수 있다면 다행이라고 생각합니다. 잘 부탁합니다.

아야오리 부탁드립니다.

오오카와 류우호오 그러면 한국 대통령인 문재인 씨 수호령
이여, 한국 대통령인 문재인 씨 수호령이여. 부디 행복의 과
학에 내려오셔서 현재 생각하고 계시는 것, 혹은 문제 삼고
계시는 것, 이제부터 미래에 이렇게 하고 싶은 것, 이런 것을
기탄없이 말씀해 주시면 다행입니다.

 행복의 과학은 조금도 편향하는 일 없이 대통령의 의견을 세
간에 발표할 생각이므로, 텔레비전에서 솔직하게 의견이 방
영된다는 생각으로 말씀해 주시면 다행입니다.

 문재인 씨 수호령이여, 부디 그 본심을 말해 주소서.

(약 10초 동안의 침묵)

* 구로다 씨 수호령이……《일본은행 총재 구로다 하루히코(黑田東彦) 수호령 인터뷰》(행복의 과
학 출판 간행) 참조.

2. 경제에서의 단말마

**'한국 경제가 엉망이기에, 일본이여 사죄하라, 보
상하라'**

문재인 수호령 음……. 후우.

아야오리 안녕하세요.

문재인 수호령 응. 칫. (혀를 참) 음.

아야오리 문재인 대통령 수호령님이십니까?

문재인 수호령 뭐, 불려왔으니까 그럴 거다.

아야오리 감사합니다.

문재인 수호령 응. 음.

아야오리 기분은 좋지 않으신지요?

문재인 수호령 당연히 좋지 않지. 뭔가 침침한 흐린 하늘.

아야오리 침침하다고요?

문재인 수호령 때때로 비가 내리고, 오지 않아도 되는 태풍이라도 올 것 같은 느낌의, 뭐, 그런 기분이구나.

아야오리 역시 가장 흐린 상황을 만들고 있는 부분이 '일본과의 관계'가 되겠습니까?

문재인 수호령 음. 그러니까 말이지, 이제 한국 경제는 엉망이란 말이야!

아야오리 아, 그건 인식하고 계시는군요. (웃음)

문재인 수호령 엉망이야! 하지만 어떻게 하면 좋은지, 나 같은 변호사 출신이 그런 걸 알 턱이 없잖아.

아야오리 예, 예.

문재인 수호령 경제 따윈 전혀 모르겠다. 어떻게 하면 좋은지.

아야오리 과연. (웃음)

문재인 수호령 다만 큰일 난 상황인 것 같다는 것만은 안다.

'큰일이다, 큰일이야' 라고 국민이 말하지만 말이지, 뭐가 큰일이고 어떻게 하면 좋은지를 도무지 알 수 없으니 말이지. 이제 어쨌든 일본에 '사죄하라. 사죄하라' 라고 말하는 것 이외에 방법이 없는 셈이지.

아야오리 아. 그런 문맥이 되는 셈이군요.

문재인 수호령 (일본은) 과거에 나쁜 짓을 했으니까, 어쨌든 뭐든 좋으니 보상이다, 자네. 보상.

아야오리 '보상하라' 고.

문재인 수호령 응. '보상을, 어쨌든 뭐든 좋으니까, 스스로 생각해서 하라' 고.

아야오리 음.

문재인 수호령 나는 모르겠으니 말이지, 무엇을 하면 보상이 되는지.

아야오리 한국의 경제 부진과 '일본이 보상하면 어떻게든 된다' 라는 것은 이어지지 않지요. (웃음)

문재인 수호령 (일본은) 돈이 남아돌았지? 그러니까······.

자국의 매니지먼트를 못해서 타국으로부터 손해배상을 받으려는 발상

아야오리 그건 그렇습니다만. 역시 스스로 경제를 재건한다는 방법이 필요······.

문재인 수호령 '스스로' 라니, 그런······. '스스로' 따윈 필요 없지 않나? 당신들 쪽이 나쁜 거니까.

아야오리 아니, 아니, 그건 이어지지 않아요. 역시 자신이 대통령선거 때부터 호소해 왔던 최저 임금인상이라든지, 그런 것으로 인해서 결국은 실업률이 올라가고 경제 상태가 나빠진 셈이어서······.

문재인 수호령 그따위 말이지, 어려운 말을 하지 마라. '나는 경제를 모르겠다' 고 말했지 않은가?

아야오리 과연. (웃음)

문재인 수호령 최저임금을 올려서 왜 경제가 나빠지는지, 그런 건 내가 알 턱이 없지 않나? 최저임금을 올리면 경제가 좋아진다고 생각되지 않나? 아베 씨도 했잖아, 최저임금 인상은?

아야오리 예. 뭐, 했습니다만.

문재인 수호령 경제가 좋아진다고 생각하고 한 것이지?

아야오리 예.

문재인 수호령 그럼, 뭐가 잘못된 건가? 응?

아야오리 영세기업에서는 큰일인데요.

문재인 수호령 영세기업?

아야오리 영세기업은 '월급을 올려줘야 한다' 라는 말을 들으면 큰일이지요?

문재인 수호령 그걸 잘 모르겠다. 월급이 올라가면 경기가 좋아지지 않나? 보통은?

아야오리 그런 발상이라는 것은 잘 알았습니다.

문재인 수호령 월급을 올려주면 소비가 활발해지고 경제가 좋아진다. 뭔가 틀렸나? 이거?

아야오리 그다음은 중국의 상태가 달라진 것이죠. 중국과의 무역이 힘든……

문재인 수호령 아. 중국은 뭔가 좀 이상해지고 있다고는 보이지만.
 어쨌든 '일본을 때리면 돈이 나온다' 라는 것이 기본적인 법칙이니까.

아야오리 음. 돈이 나왔다고 해도, 위안부 문제 때도 10 억 엔이었고, 이것으로 한국 경제가 좋아진다는 것도 아닙니다.

문재인 수호령 아니, 아니, 위안부에게도 줘야 하지만, 징용공에게도 줘야 하고. 그 밖의 여러 가지 '폐를 끼친 보상', 전부 해서 20 조 엔 정도 딱 줘야 할 테지, 한국에.

아야오리 20 조 엔입니까 !?

문재인 수호령 그렇게 하면 뭔가 확 힘이 솟아서 말이지, 북한의 부흥 지원용 원금을 마련할 수 있다.

아야오리 그렇다는 것은, 변호사로서 그처럼 일본에 대한 배상청구 소송을 해서 돈을 받겠다는 식으로 하는 셈이군요.

문재인 수호령 음. 그러니까 재판 정도밖에 생각이 좀 떠오르지 않으니까. 국가 매니지먼트란 건 잘 모르겠단 말이야, 분명히 말해서.

아야오리 과연.

문재인 수호령 그러니까 싸우고 이겨서 돈을 받을 정도밖에……, 손해배상. 기본적인 생각은.
'외교'는 잘 모르니까 '손해배상을 받는다'는 것밖에 발상이 없단 말이지. 응.

아야오리 과연. 정말로 대통령이라기보다도 '일개 변호사'로서의 일을 하고 있다고.

대통령인데도 '반체제'? 그래서 미일에 반항

문재인 수호령 체포된 적이 있는 변호사는 이제 모두 정말 근성이 비뚤어졌으니 말이지. 아, 아니, 내가 말하면 안 되겠지.

아야오리 (웃음)

문재인 수호령 대체로 '반체제'라서……. '대통령이 되어서 반체제'라고 말하는 것은 조금 이상하다고는 생각하면서도. 대통령은 체제 쪽이기에 반체제는 있을 수 없는데, 대통령이 되어도 반체제적인 생각을 가지고 있다. 그래서 자기자신에 대해 말할 수는 없으니까, 일본에 대해 말할 뿐이지. 미국에 대해서도 최근에 좀 화가 나고는 있다.

아야오리 그렇겠네요.

문재인 수호령 트럼프는 인색하니 말이지, 어떻게든 자기들이 낼 돈을 줄이고, 한국이 내도록 만들고 있잖아?

아야오리 예.

문재인 수호령 저놈은 정말 정치가가 아니야. 저건 '장사꾼'이야.

아야오리 트럼프 대통령은 '효율적인 세계 운영'이라는 것을 생각한다고 봅니다.

문재인 수호령 아니, 그건 아냐. 저건 장사꾼이야.

아야오리 뭐, 그런 면도 있습니다.

문재인 수호령 비즈니스맨이야, 단순한. 정말 손득(損得)으로밖에 사물을 생각하지 않는다. 손득만이야.
  그러니까 '일본을 지킨다'든지 '한국을 지킨다'든지, 진심이 아니야. '대금을 내라'라고 말하는 것이지, 요컨대 말이야.

아야오리 '어디에 힘을 집중할 것인가' 를 생각한다고 봅니다
만.

문재인 수호령 그래도 그런 사람은 안 되지, 정말 말이지.
이쪽은 유람선으로 관광하는 것은 아니니까, 그런 '대금을
부담해라' 라는 말을 들어도 말이지. 미국이 세계 패권주의
를 하니까 그런 일이 일어나는 것이니까, 돈을 원한다면 그만
두면 되는 셈이지. 그따위 것, 자기들이 세계를 지배하고 싶
어서 하는 것이니 말이지.

아야오리 미국으로서는 어느 정도 동맹국에 돈을 내게 해
서, 중국에 대한 대처라든지, 거기에 집중하고 싶다는 마음
이 있는 것으로 생각됩니다.

문재인 수호령 음. 뭐, 잘 모르겠지만 말이지. 미국은 군사
비가 * 일본의 일반 세입 정도 있을 테니 말이지. 그러니까 비
즈니스맨으로서 본다면, 여기를 싸게 하는 것이 가장 편해진
다고 생각하는 것이겠지만 말이지.

---

* 군사비가……미국의 국방비는, 2019 년도는 7160 억 달러 (약 800 조 원). 일본의 2019 년도 일
반회계 세입은 101 조 4571 억 엔 (약 1100 조 원).

3. 안전보장에서의 단말마

GSOMIA 파기 이유를 살핀다

아야오리 지금 '한미동맹' 부분도 대단히 상처가 나려고 합니다만.

문재인 수호령 응.

아야오리 며칠 전, 문재인 대통령은 한일 군사정보포괄보호협정 (GSOMIA) 의 파기를 * 통고했습니다. 이것은 한일 관계입니다만, 역시 한미일의 제휴가 중요하므로 여기에 금이 들어간 상태는⋯⋯.

문재인 수호령 왜 제휴하지 않으면 안 되는지 나는 도무지 모르겠다.

아야오리 그렇습니까 ?

문재인 수호령 왜 제휴하지 않으면 안 되는 건가 ?

아야오리 대 (對) 북한이라든지⋯⋯.

문재인 수호령   미국은 멋대로 한국전쟁에 와서, 우리 가족
도* 북한에서 도망쳐 온 난민이니 말이지.

아야오리   그렇군요.

문재인 수호령   그러니까 멋대로 한반도를 분단했으니 말이
지, '분단한 비용을 내라' 라는 것이지, 배상금을.

아야오리   분단이라는 것은 김일성의 행동이나, 그런 면에 기
인한다고 봅니다.

문재인 수호령   김일성은 돈을 가지지 않았기에 낼 수 있을
리가 없잖나? 낼 수 있는 건 미국이지?

아야오리   네, 네.

문재인 수호령   '국토를 황폐하게 만든 죄' 에 의해.
(한국전쟁에서) 폭탄을 많이 떨어뜨려서 마구 죽였다. 100
만 단위의 사람이 죽었을 테니 말이지. 일본 정도가 아니야,
죽은 건.

아야오리   한미일이 제휴할 의미는 없다고?

문재인 수호령   왜 제휴해야만 하는지 도무지 모르겠다.

아야오리 필요 없다고 ?

문재인 수호령 그러니까 말이지 , 지금 나는 '햇볕정책' 으로 북한과 일체가 되려고 하는 셈이니까 . 내 눈에는 정말이지 , 남북은 이제 일체가 된 모습으로 보이니까 .

아야오리 과연 .

문재인 수호령 그래 . 역시 남북을 일체로 하면 , 일본보다 강국이 된다는 것은 대체로 보인단 말이다 . 응 .

아야오리 그것은 지상의 문재인 대통령도 8 월 15 일 연설 (제 74 주년 광복절 경축식 경축사)* 때 말씀하고 계셨습니다 .

문재인 수호령 그래 . 통상 병력으로 봐서 일본 자위대보다는 한국 쪽이 강할 테지 , 아마 . 약간만 강해 , 틀림없이 . 게다가 북한의 이 수폭 , 원폭까지 더해지면 이제 무적이다 . 안 그래 ? 그러니까 미국은 제발 자국 퍼스트로 해주면 돼 . 자기 나라의 고용만 생각해 주면 되는 거야 . 그렇게 해서 일본을 '하인' 으로 부리면 되니까 .

* 한일 군사정보포괄보호협정 (GSOMIA) 의 파기……2016 년 11 월에 체결한 한일 군사정보포괄보호협정 (GSOMIA) 은 , 직접적인 동맹관계에 없는 한일에서 , 한반도 유사시 때 한미일 제휴를 긴밀하게 하기 위한 군사정보를 공유하는 역할을 짊어져 왔는데 , 2019 년 8 월 22 일 , 한국은 미일에 사전통고 없이 동 (同) 협정 파기를 결정했다 .

* 우리 가족도……현재의 북한 지역에 살았던 문재인 씨 양친은 한국전쟁 중인 1950 년 12 월에 미국의 화물선을 타고 한국으로 피난해 왔다 .

* 8 월 15 일 연설……2019 년 8 월 15 일 , 문재인 대통령은 일본의 '식민지 지배' 로부터 해방을 기념하는 '광복절' 식전에서 연설하여 '남북융화' 를 진척시키는 가운데 , 일본을 이겨내고 극복하겠다는 자세를 보이고 있었다 .

세계가 상대하지 않는 '남북통일 공정표'

아야오리 이때 연설에서 남북통일의 공정표를 발표하셨습니다.

 이것을 세계는 전혀 상대하지 않았으므로 조금 유감이었습니다만, '2032년에는 남북 공동올림픽을 개최하고, 2045년에 남북통일을 이룬다' 는 것이었습니다.

문재인 수호령 2032년은 내가 대통령을 맡지 않았을 테니까 좀 더 빨리하지 않으면 안 되겠지.

아야오리 아, 더 빨리 말입니까? 과연.

문재인 수호령 뭐, 올림픽 등은 아무래도 좋단 말이지. 그러니까 남북통일이지, 요컨대.

아야오리 이때 연설에서는, 남북통일은 2045년이라고 하셨습니다.

문재인 수호령 아니, 그건 좀 무리지. 그건 '연장' 해서 현재 상황이 오래 계속되도록 말할 뿐이지. 그렇게 늦으면 안 좋잖아.

아야오리 안 좋다고요?

문재인 수호령 그러니까 북한의 핵을 내가 쥐면 이제 거기서 끝이니까. 응.

아야오리 과연. 북한의 핵을 쥘 셈이군요?

문재인 수호령 응.

아야오리 그건 어떤 형태가 됩니까?

문재인 수호령 그러니까, 뭐, '경제력으로 매수한다' 라는 것이지.

아야오리 과연.

'북한은 핵을 없앨 까닭이 없다. 그것은 원조를 끌어내기 위한 구실'

이치카와 하지만 지금 북한 쪽은, 트럼프 대통령과 협의하여 핵을 없애는 방향으로 하고 있습니다.

문재인 수호령 그런 건, 거짓말하는 게 확실하잖아. 없앨 까닭이 없잖아, 그걸? 그건 원조를 끌어내기 위한 구실이야.

그렇잖아? 없앨 까닭이 없는 거야. (웃음) 만든 걸 누가 없 앤단 말인가? 그런 걸 '다 벗겨 버리면' 그 후에 함락당하게 되잖아?

그건 일본의, 저 오사카성(大坂城)의 바깥 해자(垓子)와 안쪽 해자를 다 메워서 성루(城樓)만이 되면 함락당한 것 과 같잖아, 그런 건? 아니, 핵무기를 '폐기'하고 (미사일의) 장거리와 중거리? 그리고 단거리, 함락당하면 그다음은 이제 '항복'이지? 그런 건 알고 있다.

그러니까 그건 원조를 끌어내기 위한 교섭인 거야, 그냥. 그 것을 하고, 뭐……

저기 말이야, 한반도 사람이란, 발상은 그렇다.

이치카와　지난번에 '한민족(韓民族)은 거짓말을 하는 민족 이다'라고 말씀하셨는데.

문재인 수호령　거짓말은 하지 않아. 그게 진실이란 말이다. 응. 그러니까 '자기의 이익이 되는 것을 항상 생각한다'라는 '진실'을 추구하는 민족이라는 게 진실이다.

이치카와　'정의(正義)'를 어떻게 생각하십니까?

문재인 수호령　'정의'란 건 한반도에만 있고, 그 이외는 모 두 '악의 집단'이지. 응.

이치카와 그러면 트럼프 대통령은 속고 있다는 상황입니까?

문재인 수호령 앗, 트럼프는, 자네들 가르침에서 봐도 틀린 게 아닐까?
 그러니까 그 뭐라고 할까, 아집은 버리지 않으면 안 되겠지, 역시 말이지. 아니, 역시 천하만민을 위해 돈을 내던지고, 사재(私財)를 다 써서 구하려고 말하는 마음이 있어야지.
 트럼프 타워를 팔아서 전 재산을 딱 한반도에 기부한다. '자네들은 그걸로 평화의 탑이라도 만들어라. 트럼프 타워 대신 세워라. 판문점 따위, 저런 초라한 것으로 언제까지나 하면 안 된다. 저쪽에 트럼프가 기부한 타워를 세워서 모두 사이좋게 상의하라'라고, 뭐, 이게 종교적 태도일 것이다.

아야오리 아까 번에 '북한의 핵을 경제력으로 매수한다'라고 말씀하셨습니다만, 그 경제력의 부분이 엉성해지고 있다는 인식은 하고 계시는 셈이네요?

문재인 수호령 그러니까 그건 일본에서 제일 많이 받을 거다. 받기 쉬운 곳에서 받는다.

아야오리 그 패턴이 되는 셈입니까?

문재인 수호령 그래. 하지만 지금 말이지, 미국도 일본에서 받으려고 하니 말이지, 거기는 조금 문제…….

아야오리 뭐 , 그런 면은 있지요 .

문재인 수호령 음 .

4. 일본에 대한 온갖 욕설 , 말하고 싶은 대로

'일본 민족은 더 철저히 멸망해야 한다'

아야오리　다만 , 이대로 일본과 계속 대결할 경우는 , 정말 이론상으로 추궁해 간다면 '한일청구권협정도 * 없는 것으로 합시다' 라는 수준까지 가버립니다 .

문재인 수호령　아니……, 그런 '작은 이야기' 는 이미 아무래도 좋단 말이지 .
　일본은 1100 조 엔 이상의 국가 적자가 있을 테니까 , 아베 씨 , 하는 김에 더 많이 적자를 만들어서 딱 북한과 한국에 '사죄 비용' 을 내고 , 차라리 이제 거기서 나라가 '도산' 해 버리면 일본 따윈 이제 '허허벌판' 과 똑같아지지 않나 ? 다시 한번 . 안 그래 ? 더 철저히 이 민족은 망해야 하는 거야 , 응 .

아야오리　과연 . 그 부분은 전번과 전전번에도 * 나왔으므로 , 대체로 이해했다는 생각입니다만 , 결국은 그 정도밖에 수가 없다는 것을 나타내고 있군요 .

문재인 수호령　그러니까 말이지 , 적어도 신이 공명정대한 눈으로 보고 있다면 말이지 , 35 년 정도는 통일 한국에 의한 일본 지배는 허용되어도 좋을 터다.

'35 년, 일본이 한반도에 지배를 받고 너희 딸들까지 종군위안부로 끌려가게 된다면, 너희는 얼마 돈을 내겠나?'라는 것. 그것을 '살려주세요'라고 애원할 참이라면 얼마 정도까지 돈을 내겠나?

역시 1100 조 엔의 국가 재정 적자여도, 뭐, 500 조 엔 정도는 내지 않겠나? 역시.

아야오리 정말 그런 피해가 있다는 가정입니다만. 유감이지만 한반도 분들에 대해서는 그런 종군위안부의 강제 연행도 노예적인 취급도 없었으니까요.

문재인 수호령 아니, 그것은 '있다'고 하면 있단 말이다. 응.

아야오리 뭐, 그 거짓말이 정의라는 것이라면 그럴 것으로 생각합니다.

문재인 수호령 '없다'고 하면 없지만, '있다'고 하면 있는 것이지.

---

* 한일청구권협정……1965 년, 일본과 한국 사이에서 맺어진 협정. 일본이 한국에 무상 3 억 달러, 유상 2 억 달러의 경제지원을 함으로써 양국과 국민 사이에 있는 청구권을 완전 및 최종적으로 해결했다는 것으로 하였다. 한일국교 정상화에 수반하여 체결되었다.

* 전번과 전전번에도……《문재인 한국 새 대통령 수호령 인터뷰》, 《문재인 수호령 vs. 김정은 수호령》 (앞에서 서술) 참조.

'전부 일본인이 나쁘다. 가장 나쁜 것은 아베'

아야오리 전번과 전전번 때, 하느님 이야기는 거의 나오지 않았습니다만, 조금 전에 '신의 공평성' 이라는 이야기를 하셨습니다.

문재인 수호령 아니, 아니, 뭐, 그건 돈을 받기 위한 수단이라면 뭐든지…….

아야오리 아. 하느님도 수단입니까?

문재인 수호령 그래, 뭐, 그렇다.

아야오리 그런 사고방식이네요?

문재인 수호령 음. 오오카와 류우호오 씨가 뭔가 싫은 말을 하잖아? 최근에 '한국에도 북한에도 신은 없다' 등으로 말한 것 같으니까.

아야오리 그러네요.

문재인 수호령 그것은 용서할 수 없지. 내가 신이니까. '살아 있는 신' 이지. 응.

아야오리　과연. 한반도의 하느님입니까?

문재인 수호령　원수 (元首) 니까 말이지.

아야오리　뭐, 원수지요.

문재인 수호령　그러니까 저쪽도, 김정은도 원수니까 이제 신이 '투톱 (Two Top)' 이지.

아야오리　앗, 투톱으로······ (쓴웃음). 그러면, 두 사람 사이 좋게 한다는 것입니까? 두 명의 하느님으로?

문재인 수호령　아니, 사이좋지는 않지만, 뭐, 신은 두 명 있으니까, 지금.

아야오리　과연. 이 두 명의 '신' 으로 한반도를 지배해 갈 셈입니까?

문재인 수호령　우리가 생각한 것이 세계의 상식이다.
　그러니까 일본은 사죄가 충분하지 않다. 역사적 인식에서 사죄가 충분하지 않는다고 받아들여서 이제 '사죄하라' 고.

아야오리　네, 네.

문재인 수호령 아베는 안 되겠구나. 저놈은 파시스트다, 정말로.

후지이 문재인 대통령의 의도나 구상도 물론 있다고 생각합니다만 '통일 국가의 지도자가 되고 싶다' 라는 것은 이런 책 (영언)에서도 몇 번이나 서술되고 있습니다.

 다만, 최근 일본의 상황을 보면, 신문도 텔레비전도, 누가 보아도 일본인은 전부 '한국은 좀 잘못하고 있는 것이 아닐까' 라고. 요컨대 하면 할수록 지금, 아마도 한국의 문재인 대통령에게는 불리한 상황이 되고 있다는 것이 객관 정세가 아닐까 생각합니다만.

문재인 수호령 그건 말이지, 모두 일본이 나쁜 거야. 일본인이.

 아니, 가장 나쁜 건 아베지. 안 그래? 아베가 이제 언제까지나 정권을 잡고 있다는 건, 일본에는 인재가 완전히 고갈되었다는 걸 의미하는 셈이니 말이지. '이 몸이 대통령 겸 일본의 총리' 를 맡아도 좋을 정도다, 정말.

'아프리카에 원조해도 그 돈은 중국에 "탈취" 당할 뿐'

후지이 처음에 경제 이야기도 하셨습니다만, 최근 '한국 경제는 이대로 가면 이제 위험한 게 아닐까'라는 설이 대단히…….

문재인 수호령 그런 걸 억측으로 말하면 안 되지. 그러니까 일본에서 돈을 빼앗으면 따로 아무것도 위험하지 않은 것이지.

후지이 뭐, 받을 수 있으면 좋습니다만…….

문재인 수호령 아프리카 등에 돈을 내서 어떻게 하겠단 말이냐? 아프리카 등에 돈을 내봤자 이제 중국이 융자한 것이 회수 불능이 되면, 중국은 일본에서 낸 융자를 가로챌 것이 틀림없잖나, 그런 건? 일본에서 (아프리카에) 빌려준 돈, 그걸 이쪽 중국에도 채권으로 받아내겠다고 해서 '탈취' 당할 뿐이지.

 저런 바보 같은 짓을 왜 아베는 하느냐 말이다. 저런 짓을 할 정도라면 한반도에 제대로 돈을 줘야 하고. 그따위 것, 아프리카 쌀 1년간 수확량을 배증한다니, 저런 곳에서 배증 계획 만들지 마라.

 그런 소리를 한다면 가까운 나라니까 북한의 식량을 어떻게

44

늘릴 것인가, 그걸 제대로 말해라. 어떻게 하면 북한의 식량이 2배가 되는가? 안 그래? 그건 일본의 책무인데, 응.

후지이 지난 2차 대전 후의 한일 관계를 죽 보아도, 한국이 힘든 상황일 때 일본은 때때로 도와주거나 해왔을 것입니다.

문재인 수호령 쌀 말이지? 때때로 보내주던가 말이지?

후지이 예.

문재인 수호령 케케묵은 쌀을 말이지?

후지이 하지만 지금 상황은 '이건 한동안 도와주지 않는 쪽이 좋지 않을까' 라는 의견이 강해지고 있습니다. 아베 씨도.

문재인 수호령 무척 건방지단 말이지. '전략적 무시' 따위를 일본이 쓴다는 건, 뭐, '1000년 빠르다' 라는 느낌이지. 1000년이나 빨라.
 행복실현당도 '전략적 무시' 로 곤란한 게 아닌가? 자네들은, 그야 역시 반론해야 해. '그런 짓은 해서는 안 된다' 라고……

아야오리 뭐, 곤란한 상황은 아닙니다만.

문재인 수호령 응? 전략적으로 무시당하고 있는 게 아닌가? 자네들은?

아야오리 아, 우리 쪽 이야기입니까?

문재인 수호령 응, 그래, 그래, 그래. 싫지? 자기가 싫은 것은 다른 사람에게 강요하면 안 되는 것이지.

아야오리 우리는 착실하게 해갑니다만.
 역시 '한국에 대해서는 이제 몹시 난감하다' 는 것이 현재 상태이므로……

문재인 수호령 난감해하고 있다? 아니, 뭐, 객관적으로 그건……

후지이 '한국은 승산도 없는 게 아닐까' 라는 식으로 보입니다.

조작된 여론 조사를 해도 지지하지 않는 비율이 올라버리는 이상 사태

문재인 수호령 아니, 이런 곳을 왜 화공(火攻)하지 않는 걸까? 이런 잡지, 'WiLL' 이라든지 '정론' 이라든지. 뭐가 '정론' 이냐? 우론 (愚論) 이다, 이건. 안 그래?
'병근 (病根) 은 문재인'? 뭐야. '"반일"의 본질을 파헤친다'. 얼마나 심한 잡지냐, 정말? '안녕, 한국!'. 무슨 소릴 하느냐? '안녕, 일본!' 이다, 안 그래? '드디어 관계를 끊을 때가 왔다'. 뭐가 관계를 끊는 거냐? 아무것도 주지 않는 주제에, 뭐가 관계를 끊는 거냐? 적당히 하라는 거다.

이치카와　국제사회는 따로 한국을 괴롭히려고 생각하지는 않으니까요.

문재인 수호령　괴롭히고 있다. 존재 자체가 괴롭히고 있단 말이다.

이치카와　(쓴웃음)

문재인 수호령　G7 에도 넣어 주지 않는다. 안 그래? 당연히 들어가야 한단 말이다. 통일 한국은 G7, G8 에도* 들어가야 하겠지? 응. 이탈리아나 캐나다 따윈 필요 없어. 그만두면 되는 거야, 저런 건.

아야오리　어쩌면 그럴지도 모르지만요.

이치카와　자조노력을 하지 않고 타인으로부터 받는다든지,

환경이나 타인의 탓으로 하는 한에는 좀처럼 행복이나 경제발전은 하지 못한다고 생각됩니다만.

문재인 수호령 '자조노력' 이란 말이지, 그건 올바른 인간이 자조노력 하는 건, 뭐, 좋아.
'악마의 자조노력' 은 그만두는 게 좋다. 자네들은 '악마의 자조노력' 을 하니까 말이지. 악마가 힘을 더해서 어떻게 한단 말인가? 자네들은 영원히 감금되어야만 하는 거야. 착취당하지 않으면 안 되는 거야. 응, 자조노력 따윈 없다.

아야오리 그 '악마' 라는 말을 헤아리면, 심경도 상당히 나쁘다는 인상을 받습니다.

문재인 수호령 심경이라니, 한국인에게 물어보면 90% 는 '일본인은 악마다' 라고 생각하지. 응, 지금 악마에게 지배당하는 것이지.

아야오리 90% 까지는 가지 않겠지만요. 어느 정도 친일적인 분들은 많이 계실 것입니다.

문재인 수호령 (일본은) '악마의 자민당' 에 지배되고 있단 말이다. 그러니까 원폭을 2 발밖에 떨어뜨리지 않았던 것은 잘못됐지.

아야오리　아니 , 아니 .

문재인 수호령　모든 도시에 떨어뜨렸어야 하는 거야 . 왜 저걸 황거 (皇居) 위에 떨어뜨리지 않았을까 , 원폭을 ? 그렇게 했으면 황실도 없어져서 산뜻해졌는데 . 안 그래 ?

아야오리　현시점에도 한국 국민의 여론 조사를 하면 , 문재인 대통령의 지지율보다도 지지하지 않는 쪽이 웃돌고 있고 , 이미 50% 정도 지지하지 않는…….

문재인 수호령　저건 CIA 가 정보 조작하고 있는 게 아닐까 ?

아야오리　아 , 아니 , 아니 . 한국의 여론 조사는 한국 정부가 상당히 열심히 조작해서 억지로 만들어내도 , 지지하지 않는 쪽이 많아져 버렸다는 것입니다 .

문재인 수호령　그래도 , 뭐 , '지지가 44%, 지지하지 않는다가 49%' 라고 말하지만 , 아베 씨 따윈 이런 게 보통이 아닌가 ? 그렇지 ?

아야오리　한국의 경우 , 이것은 점점 이상치 (異常値) 에 들어가고 있습니다 .

문재인 수호령 아니, 일본의 총리 등은 20% 정도라는 게 보통이 아닌가? 지지율, 그렇지?

아야오리 이제 국민도 '문재인 대통령은 그만두는 게 좋다'라는 목소리가 강해지고 있습니다.

문재인 수호령 그러니까 지금은 어떻게든 성과를 올려야만 하는 게 아닌가?
아베의 '전략적 무시'는 정말, 저놈, 언제까지 살 생각인가? 지난번에 죽었으면 됐던 거야, 정말. 부활하다니.

아야오리 한국에 대해서는 어느 정도 써야 할 수를 썼다고 생각합니다만.

문재인 수호령 역시 아베가 부활하기보다 하토야마(鳩山)가 부활하는 게 좋지 않을까? ('WiLL' 10 월호 별책 사진을 보면서) 손을 땅에 대고 사과해 주니까 말이지. 그건 좋지 않은가? 한국의 마음은 이것이니 말이지. 응. 국회의장, 화를 내고 있지? 안 그래? 이건 재담꾼이 아니야. 이 정도로 화를 내고 있으니 말이지. 응.

---

* G7, G8……G7 이란 일본, 미국, 영국, 프랑스, 독일, 이탈리아, 캐나다의 7 개 선진국. 1998 년에 러시아가 가해져 G8 이 되었는데, 우크라이나 정세를 받고 자격 정지가 되어 2014 년 이후는 G7 이 되었다.

남북통일로 핵보유국이 되면 미국은 '끝장', 일본은 '몸값'

후지이 또 하나 말해지는 것은, 역시 선거 대책을 목적으로 지지율을 올리고 싶어서 어쨌든 일본에 대해 생트집을 잡는 다는 것입니다. 객관적으로는 경제적으로 불리해지는데도 하고 있다는 것입니까?

문재인 수호령 아니, 그래도 일본은 한국에서 오는 관광객이 급감하고, 여러 도시에서 곤란을 겪는 게 아닌가? 그렇게 듣는데 말이지.

아야오리 음……

문재인 수호령 '위대한 한국'에서부터 정말 손님이 오지 않게 되면, 이제 일본의 백화점은 부들부들 떨고 있겠지.

이치카와 일본으로 가는 항공편이 없어지거나, 일본에서 한국으로 가는 관광객이 줄어들거나 해서, 아마 그쪽이 타격을 받고 있을 것으로 생각합니다.

문재인 수호령 일본인은 인색해서 별로 구매하지 않으니 말이지. 김치와 홍삼 정도밖에 사지 않지. 뭐, 안 되겠구나. 우리는 일본 제품을 많이 사고 있었으니 말이지. 음.

이치카와 최근, 문재인 대통령 측근의 딸이 '부정 입학' 사건으로 스캔들이 생겨 지지율이 떨어지고 있는데, 거기서 갑자기 반일을 일으키면 '또 지지율이 올라가는 게 아닐까' 하는 형태로, 어쩐지 자신의 지지율을 올리기 위해 반일을 이용하고 있다고밖에 보이지 않습니다만.

문재인 수호령 그런 '세세한 소리' 를 하는 건 일본 매스컴 같아서 뭔가 싫구나. 좀 '오염' 되고 있구나. 그런 짓은 하면 안 되는 거다. 작은 것은.

아야오리 차츰, 지금 '반일로 치달아도 국민이 따라오지 않게 된다' 라는 국면에 서 있어요. 이것은 이대로 가도 좋겠습니까?

문재인 수호령 음……. 하지만 '햇볕정책' 으로 북한과 민족 융합을 도모하여 핵무기를 갖춘 민주주의 국가가 만들어지고, 일본에 대한 위협이 되어서 미국은 '끝장난 상태' 가 되고……. 그렇게 되면 일본은 몸값을 낼 수밖에 없겠지.

아야오리 거기에 대해서도 막다른 곳이 보입니다. 조금 전에, 첫머리에 오오카와 총재의 언급이 있었습니다만, '참수 작전' 을 하는 게 아닐까 하는 패턴과, 그다음은 '중국을 먼저 쓰러뜨려 버리고 북한도 함께 쓰러질 것이다' 라는 그 흐름이지요.

그러므로 문재인 대통령의 수호령께서 이미지하시는 것은 완전히 막다른 곳이어서, 이것은 이제 무엇을 해도 어려운 셈입니다.

문재인 수호령 음……. 하지만 나도 '재판에서 이긴다'라는 식의 발상밖에 별로 없기에 잘 모르겠지만 말이지.
 일본이 건방지게도 말이지, 한국에 대한 수출품 중에서 군사 물자로 전용(轉用)되는 것을, 뭐지? '백색국가에서 제외한다'라든지 아주 건방진 소리를 했으니 말이지, 원폭이라도 떨어뜨려 주고 싶을 정도의 노여움이지, 이쪽은, 정말 말이지.

아야오리 과연.

문재인 수호령 북한이 쏴주었으면 싶을 정도다.

아야오리 아, 그런 상태군요. (쓴웃음)

문재인 수호령 응, 응.

아야오리 결국 '북한과 일체가 된다'라는 노선이, 어디도 전혀 상대해 주지 않고 고립하여, 일본을 때려도 아무것도 나오지 않고 사방이 꽉 막힌 상태입니다. 어떻게 하겠습니까?

문재인 수호령 그래도 북한은 역시 지금 자신을 가지고 있지. 수폭까지 개발했으니까. 이제 유엔 상임이사국밖에 가지지 못한 수폭까지 개발했으니까 이미 미국도 손을 댈 수 없는 상태라고.

아야오리 그 북한이 문재인 대통령을 상대해 주지 않는 상태죠. '이제 한국과는 대화하지 않겠다'고.

문재인 수호령 음, 그런 견해는 대단히 피상적인 견해구나.

아야오리 아니, 아니.

문재인 수호령 아니, 그건, 저쪽은 '자기들이 한국을 병합하자'라고 생각하니까 그런 말을 하는 것으로 생각하지.

아야오리 예. 그러네요.

문재인 수호령 하지만 말이다, 적어도 한국에 몇만 명인가는 미국인이 있을 테니까, 군대도 포함해서. 그러니까 미군기지에 수폭을 떨어뜨리거나 하면 미국도 심한 피해겠지.

아야오리 미국, 트럼프 대통령은 특히 그렇습니다만 '주한미군은 필요 없다'라는 사고방식이므로, 여차하면……

문재인 수호령 그건 오키나와가 더 날뛰겠지 . 그렇게 하면
오키나와는 심해지겠지 .

아야오리 이제 정말 , 지금 한국은 유감이지만 어느 나라도
상대해 주지 않는다는 상태입니다 .

문재인 수호령 아니 , 그게 이해가 가지 않는단 말이지 . 이런
'우주의 정의' 를 구현하는 내 사고방식으로 말이지 .

아야오리 우주의 정의 ?

문재인 수호령 그래 , '세계가 따라오지 못하고 있다' 는 것 .
뭐 , 두뇌가 무리일 것으로 생각하지만 말이지 . 일본의 만화
문화로는 좀 무리라고 생각하지만 .
 어쨌든 아베는 왜 사죄하지 않는가 , 바로 , 정말 . 사죄하면
된단 말이다 . 안 그래 ?

아야오리 전혀 도리에 맞지 않기 때문이지요 .

문재인 수호령 뭐라고 ?

아야오리 유감입니다만 '사죄할 이유가 전혀 없다' 라는 것
이라고 봅니다 .

변호사의 입장에서부터 일본에 헌법 준수를 호소한다

문재인 수호령 아니, 역시 변호사인 내가 볼 때, 아베 씨의 '헌법 개정' 따위는 전혀 법률을 이해하지 못한 인간이라는 느낌이 든다, 정말 말이지.

아야오리 그렇습니까?

문재인 수호령 응, 전혀, 이제 의미가 없다는 느낌이 드는구나. 저건 아마추어야, 완전히.

아야오리 오호.

문재인 수호령 역시 헌법을 준수해야지. 일본국 헌법은 이제 '일본을 벌거숭이로 한다'는 것을 정한 것이니까. 이것은 국시(國是)니까. '외국에서 공격받으면 그때 망한다'라는 것을, 그때 운명지어져서 결심했단 말이다!

외국에서 공격받을 것 같은 짓을 하면 일본은 멸망한다고. 그러니까 '공격받을 것 같은 짓을 하지 않겠다'라고. '외국 전부로부터 일본을 따뜻하게 지원받을 수 있는 상태를 유지하자'라는 것이 일본국 헌법의 출발점이다.

한국으로부터 이만큼 '너희는 여러 가지로 청구 당할 의무가 있는 것이다'라고 말을 듣고 있으니 말이지. 일본국 헌법 취

지에서 본다면, 역시 분쟁을 해결하는 수단으로서의 군사력
은 사용하지 않게 되어있는 셈이지. 그러니까 이제 돈을 낼
수밖에 없지. 방법은, 그다음은 아무것도 없는 것이지.

5. 여러 나라와 앞으로 행할 외교 관계의 방침

'쓰시마 (對馬) 와 사도가 섬 (佐渡島) 을 빼앗아도 자위대는 "유감" 이라고 말할 뿐'

아야오리 조금 논의가 과열되고 말아서 되풀이되고 있으므로 .

문재인 수호령 아 , 그렇구나 , 그렇구나 .

아야오리 조금 영적인 이야기도 되겠습니다만 , 수호령께서는 이전에도 확인했습니다만 ,* 이탈리아 전 수상 무솔리니이신 것이죠 ?

문재인 수호령 그러니까 이제 지능이 낮은 일본인에게 그런 위대한 이름을 내봤자 지금은 이제 이해하지 못한단 말이지 .

아야오리 그럴지도 모르겠습니다 .

문재인 수호령 '스파게티를 좋아하는 사람입니까 ?' 라든지 , '피자는 먹습니까 ?' 라든지 , 그런 식으로 말하면 일본의 멍청한 여자들도 이해를 한다 .

아야오리 과연. 알았습니다. '그처럼 위대한 분이다' 라는 것은 이해했습니다.

문재인 수호령 응. 히틀러의 스승이었으니까.

아야오리 스승입니까?

문재인 수호령 음. 그건 그렇다.

아야오리 뭐, 그렇게 말할 수 있는지도 모르겠습니다만.

문재인 수호령 내 방식을 배워서 독일은 강국이 된 것이다.

아야오리 과연.

문재인 수호령 공부하러 왔을 정도니까.

아야오리 결국 '어떤 말로를 더듬어 갔는가 하는 부분에서 (문재인 씨와 무솔리니는) 대단히 닮아버렸구나' 라고. 이제 어떻게 할 도리도 없다고.

문재인 수호령 아니, 아직 '말로' 라고 할 만큼 끝나지 않았어.

아야오리 끝나지는 않았지만…….

문재인 **수호령** 이제부터 '아베의 목을 어떻게 조를 것인가'
를 생각할 뿐이지 .

아야오리 뭐 , 단단히 조를 방법도 없어지고 있어서 , 그다음
은 이제 국민이 지지하지 않게 되겠죠 .

문재인 **수호령** 아니 , 역시 한국인이 오지 않게 된 일본 여관
의 비명이라든지 , 여러 관광지의 비명이 점점 들려와서 , 지금
자민당의 지지표가 떨어지고 있으니까 .

아야오리 (일본의) 국민은 역시 일본이 한국에 대해 처치한
것을 그 나름으로 지지하고 있어요 .

문재인 **수호령** 아니 , 난 그러니까 독도만이라면 일본인은 아
무래도 반응이 둔하기에 , 역시 '그다음은 쓰시마 정도를 뺏어
줄까' 라고 , 지금 생각하는 중이지 . 저기를 점령하면 단숨에
지지율이 90% 정도까지 오르는 게 아닐까 ?

아야오리 그건 이제 전면전쟁이네요 .

문재인 **수호령** 전면전쟁이 되면 자네들은 싸우지 못하니까 ,
헌법에 따라 .

아야오리　아니, 아니, 아니, 아니. 영토를 침범당했다면 싸울 수 있습니다.

문재인 수호령　헌법에 따라 싸울 수 없지. 그래서 미국은 한일문제에는 관여하고 싶지 않은 거다. 그렇지?

아야오리　그것은, 미국이 들어온다고는 할 수 없습니다만.

문재인 수호령　응. 그러니까 '일본은 이제 빼앗길 뿐' 이다. 빼앗을 수 있는 것은 역시 쓰시마, 사도가 섬, 이 부근을 둘 정도 빼앗어 주면, 조금은 간이 서늘해지는 게 아닐까?

아야오리　뭐, 그럴지도 모르겠습니다. 일본인에게도 그 정도의 자극이 필요한지도 모르겠네요.

문재인 수호령　일본의 자위대 따윈 '유감입니다' 라는 정도밖에 말하지 못하니 말이지. '빼앗겨서 유감입니다' 라고 말하겠지?

* 이전에도 확인…… 《문재인 한국 새 대통령 수호령 인터뷰》 (앞에서 서술) 참조.

한국의 방위비는 일본의 방위비를 머지않아 넘는 다는 현실

아야오리 한국의 군대는,* 지금 방위비를 들어 보면 일본을 마침 넘을 정도지요.

문재인 수호령 그래. 그러니까 경제적으로는 작은데도 방위 비가 일본을 넘는다는 것은, 지금 얼마 정도 군사적으로 주력 하고 있는지를 잘 알 것이다.

아야오리 또, 한국은 원래 필요하지 않은 항공모함을 만든 다고도 말해지고 있습니다.

문재인 수호령 그러니까 말이지, 지금은 일본해를 '동해', 동쪽 바다로 하려고 한다. 그다음은 '한국해'로 바꾸려고 하 고 있으니까.

아야오리 '한국해'? 과연.

문재인 수호령 그래, 일방적으로. '한국해'로 하려고 하는 거야. 그러니까 섬을 쓰시마와 사도가 섬 정도 뺏으면, 이제 '한국해'지. '한반도해(韓半島海)'라도 좋지만.

후지이 일본에 대해 생각하고 계신다는 것이었습니다만, 실제로 지금은 7월, 8월 다 북한에서 단거리 미사일이 * 자꾸 발사되고 있습니다. 저것은 전혀 마음에 걸리지 않습니까?

문재인 수호령 저건 일본으로 날아가는 것이니까. 일본으로 날아가는 것이야.

후지이 한국도 사정권 내에 들어 있습니다.

문재인 수호령 동포에게 쏠 리가 없잖나? 일본으로 날아가는 것이다. 일본에 쏘면, 한국에서 경제원조가 오는 게 아닐까 생각하고 있겠지.

아야오리 그래도 이것은 단거리 미사일이므로, 메인은 한국인데요? 물론 일본도 들어 있습니다만, 기본적으로 단거리는 한국을 향한 것입니다.

문재인 수호령 아니, 그래도 미국 대통령은 한미합동 (군사) 훈련 따위 돈이 아깝기에 '이제 저것도 하고 싶지 않다' 라고 말하잖아? 그러니까 이제 끝나지. 안 그래? 미국은 이제 철수해 가는 거야. 바로.

후지이 역시 '주한미군을 철수하게 만든다' 라는 것을 명확한 의지로써 가지고 계시는 것입니까?

문재인 수호령   아니, 우리는 이지스 어쇼어와 같은 것에도 반대이고, 사실은 주한미군도 반대인 것이지. 그리고 오키나와의 미군도 반대다. 기본적으로는 말이지. 기본적으로는 그런 것이다. 필요 없다고 생각하는 것이지.

'(미국은) 침략자'라고 생각하고 있지, 기본적으로. 그들은 지구 뒤편까지 와서 침략하고 있으니까. 아시아에 와서 나쁜 짓을 많이 하고 있으니까 '인제 그만 좀 해라'라고 생각하는 것이지.

'아시아는 아시아로, 회담으로 강한 쪽이 공갈 협박을 한다'라는 것이면 되지.

* 한국의 군대는……최근, 한국의 국방비는 일본을 대폭으로 웃도는 형태로 계속 확대하고 있어, 몇 년 후에는 일본을 앞지를 가능성이 있다고도 말해진다.

* 7월, 8월 다 북한에서 단거리 미사일이……북한은 2019년 7월 말부터 8월 말까지의 약 1개월간, 동해에 향해 단거리 탄도 미사일을 7번에 걸쳐 2발씩 발사. 특히, 한국이 한일 군사정보포괄보호협정(GSOMIA) 파기를 통고한 다음 날 24일의 발사는, 한국을 표적으로 한 군사적 위협이라고 볼 수 있다.

'중국은 상대해 주지 않지만, 빨판상어 병법으로'

아야오리   요즘 (문재인 대통령은) 중국도 상대해 주지 않는 면은 있어서요.

문재인 수호령   중국은, 그러니까 미국이 관세를 걸어서 흔들고 있으니 말이지. 일본과의 무역 쪽을 잡지 않으면 '양쪽으로부터 공격받으면' 힘들어지기에, 조금 일본에 대해 상냥해진 것이지. 연약하게도 말이다. 조금 상냥해지고 있다.

　일본과의 거래를 남기지 않으면, 미일 양쪽이 오면 무역의 최대국 두 개를 잃게 되기 때문이지.

아야오리　예.

문재인 수호령　그래도 아베는 속이 검기에, 사실은 그런 걸 생각하지도 않았지. 중국이 약해지면 '약해질 때가 재난을 당할 때' 라는 식으로 행할 마음으로 있으니 말이지. 그러니까 아베 따위를 신용하면 안 돼, 중국은.

아야오리　'중국이 상대해 주지 않지만, 결국은 중국과의 무역에 의지해서 해 갈 수밖에 없다' 라는 구조가 한국 경제에는 있어서, 이것도 이제 가로막혔죠. 중국 경제 자체가 마이너스 성장이 되는 상태이고요.

　이건 정말 어디를 향해도 문재인 대통령 아래에서는 한국의 미래는 없는 셈입니다.

문재인 수호령　아니, 역시 한국에는 위대한 재벌이 있지. 위대한 재벌을 아베는 미워하는 게 아닐까 생각되지. 일본은 재벌이 해체당해서 약해져 버렸으니 말이지. '거대재벌이 군림하고 있다' 는 것이 나라를 강하게 만드니 말이다.

　중국은 확실히 다소 속도를 잃은 기미가 보이지만, 음……. 아니, 하지만 아프리카, 유럽까지 손을 뻗치고 있으니까 이제 싸워서 이길 수밖에 없겠구나.

아야오리 거기에 달라붙을 수밖에 없다고요?

문재인 수호령 '빨판상어 병법'으로 가는 수밖에 없겠구나.

아야오리 빨판상어입니까? 과연. 이것도, 엄격한 미래를 예측할 수 있네요.

인권파 변호사의 마음속 인권 감각이란

후지이 최근의 '홍콩 데모'에 대해서는 어떻게 보고 계십니까?
 중국 측에서 보면 이제 쓸 방법이 없어지게 되고 있다고 할까, 데모를 억제할 수 없어서 그대로 죽 계속되고 있습니다.
 요컨대 이것은 '공산당 쪽에는 지금 방법이 없다'라는 식으로도 보이는 셈입니다만.

문재인 수호령 아니, 그건 군사 점령하면 되잖아? 중국의 전통적인 방식은 당연히 그거니까.
 짜증 나는 것은, CNN이나 여러 방송 거점이 있는 점이겠지만, 트럼프 씨도 CNN을 싫어하니까, 망쳐 버리면 되잖아?

저런, 14 억 명의 나라가 700 만 정도의 인구를 가진 곳에, 꼬리에 휘둘러지는 상황이니 말이지. 그건 이제 단숨에 점령 해야 해, 하룻밤 사이에. 그게 가장 좋아.

이치카와 '인권파 변호사' 라고도 말해지던 문재인 대통령입 니다만……

문재인 수호령 한국에서는 홍콩의 인권은 관계없으므로 특 히 지킬 필요도 없고.

이치카와 한국인의 인권은 지키지만 타국 사람의 인권은 특 히 없다고.

문재인 수호령 관계없다. 그건 중국인이기 때문이지, 중국 이 응수해야 해.
중국의 다른 곳에서도 인권이 없는 곳은 많으니 말이지. '중 국인이다' 라는 것은 그런 것이니까.

아야오리 중국 내에서 여러 종교인이 탄압받고 있습니다만, 그것도 상관없는 셈입니까?

문재인 수호령 아니, '공산당원 이외에는 인권이 없다' 는 것 이지, 중국에서는. 그런 나라지. 거기에 태어난 이상, 그건 태어난 책임이 있는 것이야.

아야오리 그것을 좋다고 여기시는 셈이네요?

문재인 수호령 중국인이니까 어쩔 수 없지. 외국으로 도망칠 수 있는가 아닌가 뿐이지, 그다음은.

아야오리 그러면 북한 내에서 탄압받는 분들에 대해서는 어떻게 생각하십니까?

문재인 수호령 북한에서 탄압받는 사람들은 빨리 남북이 병합되기를 기대하고 있겠지. 그것이……

아야오리 병합해서…….

문재인 수호령 내가 '구세주'라는 것이지.

아야오리 그런 분들을 해방한다는 것입니까?

문재인 수호령 그건 그래. 한국과 일체가 되면 말도 통하고, 경제력이 들어오면 그건 이제 '구원의 천사'구나.

아야오리 '신교(信教)의 자유'도 인정하는 셈이네요?

문재인 수호령 종교라고 해도, 뭐, '문재인을 받드는 자유'지만 말이지.

아야오리 아, 그쪽입니까?

문재인 수호령 그래. 물론, 그건 그렇다.
 김정은 쪽은, 요컨대 굶어 죽은 사람을 많이 냈지. 많이 냈
다.
 한국은 북한에서 도망쳐 온 사람을 굶어 죽게 했다고 최근에
좀 추궁받고 있지만, 뭐, 가끔 그런 경우도 있지만, 일반적으
로는 윤택하니 말이지.

'김정은은 그냥 애송이'

아야오리 남북을 통일할 때, 김정은 씨는 어떤 상태가 되는
것입니까?

문재인 수호령 뭐, 애송이니 말이지, 그냥. 그냥 애송이이
기에 디즈니랜드 같은 곳에서 놀게 해주면 되지 않을까, 어딘
가?

아야오리 그런 것입니까?
 하지만 자유도 그다지 없고, 경제적으로도 힘들고, '통일 한
반도'라는 것은 대단히 이상한 나라네요.

문재인 수호령 아니, 그러니까 일본으로부터 돈을 뜯을 생각이니까. 뭐, 그 이외엔 없어. 100 조 엔 단위 정도의 부채는, 아베 씨는 태연하겠지?

아야오리 정말 그것뿐이네요. 그다음은 아무것도 없네요.

문재인 수호령 그건 그래. 일본에서 뜯어내는 것 외에 이제 없잖아? 가장 뜯어내기 쉬운 곳에서 뜯어낸다.
 아프리카 따위에 줄 돈이 아직 있다고 한다면 뜯어낼 수밖에 없다.

아야오리 과연.

6. '영원한 반일' 사상의 밑바닥에 있는 것

'반일이야말로 영원한 정의'

아야오리 문재인 대통령은 이제 타국에서도 버림받고 , 그다음 단계로 국민한테서도 버림받아서 , 이제 아무것도 없어져서 , 결국 최후의 최후는 '북한으로 망명한다' 는 정도밖에 길이 없는 것 같은 생각이 듭니다 .

문재인 수호령 그럴 리 없다. 아니 , 반일이야말로 영원한 정의란 말이다.
 그러니까 나는, 말하자면 이스라엘을 세운 모세와 같은 존재구나. 이집트에서 400 년 노예가 되었던 국민을 해방하여 가나안의 땅으로 이끌고 , 유대인의 독립국가를 만든 모세와 같은 것이지 .

아야오리 음 .

문재인 수호령 한반도 사람들을 괴롭혀 왔던 각국에 본때를 보여주고 , 역시 강한 강국을 만들어낸다는 것이지 , 지상에 .

아야오리 그 '반일' 이라는 것은 자기 혼의 역사 가운데 어디

쯤에서 오는 것입니까?

우리는 문재인 대통령의 과거세로서 이탈리아의 무솔리니 전 수상, 구로다 나가마사 (黑田長政) 라고 하는* 일본의 무장 (武將) 이라고 이해하고 있습니다만.

문재인 수호령 응.

아야오리 이런 과거세에서는 거기까지의 반일이 직접 나오기 어렵습니다만.

문재인 수호령 (한국에서는) 반일이 아닌 사람 쪽이 수가 적으니까 어쩔 수 없잖아 ?

아야오리 그건 '한국인이기 때문에' 라는 것입니까 ?

문재인 수호령 한국이라면 '반일' 이외의 정의가, 정의로서 아무것도 없지, 보편적인 것은. 이것만이 유일하게 보편적인 것이지. '일본이란 도둑 국가다' 라고. '기본적으로는 도둑이다' 라고. '가해자가 적반하장이라는, 그 가장 뻔뻔스러운 놈이 총리가 되는 나라다' 라고.

이것만 심어두면, 정권에 대한 비판은 수습된다.

그러니까 우익도 좌익도 없는 거다. 반일밖에 없는 것이지.

'일본인을 유대인처럼 가스실에서 몰살하고 싶다'. 이것이 우리의 본심이니까.

아야오리 　자신의 혼 (魂) 속에서 그런 반일의 부분은 있습니까 ? 자기 혼의 역사 속에서 일본에 대한 원한 등이…….

문재인 수호령 　아니 , 나는 좀 더 보편적인 혼이지 . 역시 모든 곳에서 받은 박해 등으로부터 인민을 해방한다는 위대한 사명이 있으니 말이지 . 뭐 , 태어나면서부터 구세주지 . 죽 , 영원한 . 영원한 구세주다 .

아야오리 　음……. 상당히 변명도 많이 들어갔습니다만 . (쓴웃음)

* 구로다 나가마사 (1568 ~ 1623)……구로다 칸베 (黑田官兵衛) 의 장남 . 도요토미 히데요시 (豊臣秀吉) 를 받들고 규슈를 평정 , 조선에 출병 . 세키가하라 (關原) 의 전투에서는 도쿠가와 (德川) 측에 대해 큰 전과를 올렸다 .

2022 년 대통령선거 후의 2 기째도 노릴 수 있도록 한다 ?

아야오리 　앞으로 대통령 자신의 처지에 대해서입니다만 , 2022 년 3 월에는 그다음 대통령선거가 있습니다 .

문재인 수호령 　응 .

아야오리 　조금 전까지는 '헌법을 개정하여 2 기 (期) 할 수 있도록 한다' 등, 그런 이야기도 나와 있었습니다만, 그 부분은 어떻게 하십니까? 딱, 1기째로 확실히 끝날 수 있는 것입니까?

문재인 수호령 뭔가 싫은 소리를 하는구나. 자네들 잡지를 단속해 줄까, 이제 정말.

아야오리 뭐, 단속할 수 있다면 따로 그것은 좋습니다만.

문재인 수호령 그런 건 내 자유니까.

아야오리 자유입니까?

문재인 수호령 뭐, 내 맘대로니까. 역시 세계가 필요로 하는 인재라면 지워서는 안 되겠지.

아야오리 지워서는 안 된다?

문재인 수호령 유엔 사무총장을 맡은 사람(반기문 씨)조차도 한국 대통령은 될 수 없으니 말이지. 그것을 넘은 인재니까, 이쪽은 말이지. 일본인 따윈 유엔 사무총장이 될 수 없으니 말이지. 그것을 넘은 인재다.
　그러니까 나를 사람들이 필요로 하는 한, 역시 계속 싸우지 않으면 안 된다고 생각하고 있다.

아야오리　그것은 '헌법 개정을 한다. 2 기째를 할 수 있도록 한다' 는 것입니까?

문재인 수호령　아니, 일본 흉내를 내서, 따로 헌법 등은 만지지 않고 할 수 있을지도 모르지.

아야오리　오호. 그것은 자민당의 당칙 이야기이므로 흉내 내기는 어렵습니다만.

문재인 수호령　아니, 아베 씨 따윈 요컨대 '헌법 삭제' 만 하는 게 아닌가? 결국 말이지. 말로 '헌법 삭제' 를 하는 것이지?

아야오리　헌법 삭제?

문재인 수호령　그러니까 헌법 따윈 아무래도 좋으니 말이지.

아야오리　'아무래도 좋은 상태를 만든다' 는 것입니까? 그리고 자신은 대통령을 계속한다고요?

문재인 수호령　예를 들면 '국가 비상사태 선언' 을 해서…….

아야오리　비상사태 선언?

문재인 수호령 일본에서 공격을 막기 위해 '비상사태 선언'을 하고, 모든 권력을 대통령에게 집중한다.

아야오리 아, 과연.

문재인 수호령 대통령령으로 모든 것을 결정할 수 있도록 하면, 못하지는 않다.

아야오리 확실히 경제 상태나 북한과의 관계를 생각하면, 문재인 대통령 자체가 비상사태네요. (웃음)

문재인 수호령 국가 비상사태가 지금 다가오고 있다.

아야오리 뭐, 자신이 만들어 낸 비상사태죠.

문재인 수호령 그러니까 계엄령을 깔고 군부가 모두 장악하면……

아야오리 과연.

'법치국'이 아니라 '정치(情治)국가'인 한국의 체제

아야오리 확실히 한국이라면 지금까지도 거기에 가까운 일은 있었으니까요.

문재인 수호령 아니, 재판소조차, 경찰조차, 검찰조차, 국회조차, 대통령 혼자 생각으로 어떻게든 되는 나라지. 우리는 '법치국'이 아니야.

아야오리 (쓴웃음) 인정하는 셈이네요.

문재인 수호령 우리는 '정치(情治) 국가'라고 말해지고 있지. 감정으로 움직이지, 모두. 그것이 옳은 거야.

아야오리 그러면 선거가 다가오면 그런 계엄령, 비상사태 선언을……

문재인 수호령 임기를 연장해도 좋지만, 귀찮으니까 말이지. 아니, 예를 들면, 일본과 교전 중이라면, 그런 건 대통령선거 따위를 하고 있을 틈이 없지.

아야오리 음. 과연. '교전한다'라는 것도 완전한 농담이 아닌 셈이네요.

문재인 **수호령** 아니, 정말로 쓰시마 등, 그건 생각하고 있어.

아야오리 생각하고 있습니까?

문재인 **수호령** 응. 독도만이라면 재미없다. 바윗덩어리잖아?
안 그래?
 쓰시마를 빼앗으면 일본은 정말로 '그다음이 올지도 모른다'
고 생각할 것이다.

아야오리 그것은 진지한 이야기죠?

문재인 **수호령** 진지한 이야기다.

아야오리 위협도 아무것도 아니고요.

문재인 **수호령** 응. 중국도, 일본의 떨어진 섬은 오키나와 부
근에 많이, 몇십 개나 있으니까, '올지도 모른다'고 말하지만,
한국 쪽이 손이 빠를지도 모른다.
 일본을 점령하면 말이지, 북한의 기분도 확 바뀔 거다. '그렇
다면 함께 할까' 라고 하겠지. 안 그래?

아야오리 그러면 전쟁 상태가 되어 비상사태 선언을 해
서……

문재인 수호령 군사협정을 맺으면 말이지 . '반일로 공동전선을 맺는다' 라는 것 .

아야오리 뭐 , 그렇겠지요 .

문재인 수호령 '한국이 위기에 빠지면 , 북한은 핵무기 사용도 불사하겠다' 라는 것을 한 마디 담으면 말이지 .

아야오리 확실히 '일본에서 돈을 뜯어낼 수 없게 되면 , 그처럼 강경한 , 강제적인 수단 이외에 택할 길은 없는 것 같구나' 라는 것은 알겠네요 .

헌법을 지키는 '일본의 야당' 은 한반도의 지배 아래에 있다

문재인 수호령 우선 아베를 지우지 않으면 안 되니 말이지 .

아야오리 지웁니까 ?

문재인 수호령 우선은 아베를 '지우는' 것이 중요하다고 생각한다 .

후지이 일본을 표적으로 하더라도, 일본 국내에서는 '헌법을 지키겠다' 는 세력이 아직 야당에 많이 있습니다.

문재인 수호령 아니, 그건 이제 그들은 지금 한반도의 지배 아래에 있는 셈이니까.

후지이 우군 (友軍) 이라고 할까, 동료처럼 생각하고 있다는 것입니까?

문재인 수호령 아니, 그건 이제 헌법을 지켜 주기만 하면, 우리는 무엇이든지 할 수 있으니까, 그건 좋은 일이지. 주변 나라는 안심이다.

 그러니까 행복실현당 만이 '이상한 소리' 를 할 뿐이니 말이지. 홍콩의 데모 지원? '일본은 홍콩 편입니다' 따위로 거리 선전하고 있지?

 뭘 하려고 하는 거냐? 홍콩을 위해 뭘 할 수 있다는 건가? 무장 경찰, 게다가 군대가 개입하면 일본이 대체 무엇을 할 수 있다는 건가? 할 수 있는 건 아무것도 없다. 일본 따윈 아무것도 할 수 있는 일은 없어. 국내에서 떠들어댈 뿐이다.

문재인 대통령의 취임 직후에 영언으로 그 본질을 밝힌 행복의 과학

후지이 아베 정권이 한국에 대해 '전략적 무시'를 하는 것도, 역시 영언 책이 나와서 문재인 대통령이 독재자이거나, 파시즘을 지향하고 있거나 하는 면이, 여론으로서 대단히 침투했기 때문이라고 생각하는데요.

문재인 수호령 자네들 말이지, 조금 반성하는 게 좋아. 새 대통령으로 '즉위' 하자마자 악당인 것처럼 표현한다는 것, 이건 나빠, 정말. 대단히 성격이 나쁘다.

아야오리 이번을 합쳐서 세 번 영언 수록을 했습니다만, 하는 말은 상당히 일관하고 있으니까요.

문재인 수호령 그래도 아베 씨보다 더 지도력이 있는 것을 알 것 아니냐? 하는 말이 명확하다.

아야오리 '지도력' 이라고 할까, '붕 떠 있다' 고 할까······.

문재인 수호령 그는 무슨 말을 하는지 알 수 없지만 말이지. 이제 접대만 할 뿐이니까. 접대해서 비위를 맞출 뿐이지만, 나는 지도력이 있지. 사물을 분명히 말하니까. 그렇지?

아야오리 음. 뭐, 그러네요. '무리한 말만을 하고 있구나' 라고는 느끼는데요.

문재인 수호령 아니, 역시 북한은 단거리 미사일이라고 말하지만, 그다음은 좀 더 명중시키는 연습을 해야 한다고 생각하지. 후지산을 흔적도 없이 지워버리는 훈련을 하면 좋은 게 아닐까 생각한다. 그렇게 되면 일본의 긍지가 없어지겠지, 하나.

아야오리 어쩌면 지금은 김정은 씨보다도 '발광하고 있는' 지도 모르겠네요.

문재인 수호령 '발광한다'? 발광하다니 무슨 말인가? '병근(病根)'? '치매증'? '안녕'? 뭐야, '발광한다' 니.

　자네들 말이지, 반성해야 해. 자네들 지부가 안전하게 존속할 수 있다고 생각하나, 지금 상태로? 갑자기 경찰이 들이닥쳐서 심도 있게 조사해서 체포하는 일도 있으니 말이지.

아야오리 그런 것을 하면 국제여론도 용서하지 않게 돼요.

문재인 수호령 대통령 모욕죄로 이제 모두 검거. 공범이니 말이지.

'우리는 동양의 유대인 . 나라를 지키기 위해 모든 수단을'

아야오리 정말로 '아군은 제로 , 적들뿐' 인 상태가 되고 있다고 봅니다 .

문재인 수호령 아니 , 그럴 리는 없다 . 우리는 일관해서 옳단 말이다 .
 저기 말이지 , 유대인을 위해 이스라엘이라는 나라를 세워서 , 트럼프 씨가 유대인을 아랍에서 지키려고 한다면 , 우리는 '동양의 유대인' 과 같은 것으로 , 일본으로부터 봉변을 당하고 대학살을 많이 받았으니 말이지 . 한국을 지키기 위해서라면 모든 수단을 써야만 한다고 생각하지 .

아야오리 (과거세 이야기입니다만) 지금까지 한반도에도 태어나셨죠 ?

문재인 수호령 응 ?

아야오리 그런 기억을 바탕으로 말씀하시는 것이죠 ?

문재인 수호령 뭐 , 그건 있는 게 아닐까 생각하지만 , 어쩐지 옛날 일을 상기하는 건 , 뭔가 좀 골치가 아파지기에 못하겠구나 . 잘 알 수 없으니까 .

아야오리 그런 박해를 받은 기억이 있는 셈이군요?

문재인 수호령 음. 뭐, 그건 있구나. 뭔가 시달림을 당한 것 같은 느낌은 조금 있다.

이치카와 유대 때 기억 등은 있습니까?

문재인 수호령 뭐?

이치카와 옛날에 유대나 어디선가 포로가 되었다든지, 노예가 되었다든지…….

문재인 수호령 아니, 미안하지만 나는 거기까지 생각이 가지 않는다고 할까…….

이치카와 음.

문재인 수호령 우리는 이제 미래밖에 보지 않으니까 모른단 말이지.

아야오리 한반도에서 그런 박해를 받았다고 한다면, 기본적으로 중국 쪽에서 받았을 패턴이 압도적으로 많습니다만.

문재인 수호령 중국은 언제나 정의니 말이지. 세계의 중심이니 말이지, 그야.

아야오리 아, 과연. 그쪽에도 정의는 있는 셈입니까? 중국이 정의?

문재인 수호령 그건, 세계의 중심은……. 일본도 중국의 위성국이 아닌가? 아무것도 아니다.

아야오리 그렇지는 않습니다만.

문재인 수호령 그러니까 한자 문화권이고, 이제 좋은 것은 모두 중국에서 받았으니까.

아야오리 그러면 그런 뭔가 한민족(韓民族)으로서의 원한을 바탕으로 행동하고 계십니까?

문재인 수호령 아니, 뭔가 있다고는 생각하지만, 어쩐지 자네들이 말하는 '혼의 기억'은 잘 모르겠다. 아무래도 뇌에 조금 손상을 받았거나, 그 부분은 잘 꺼낼 수 없구나.
 어쨌든 뭔가 지금 분하고, 다시 한번 하고 싶은 생각밖에 없다.

아야오리 분하다고요? 일본에 대해 뭔가 하고 싶습니까?

문재인 수호령 음. 역시…….

아야오리 복수를 하고 싶습니까?

문재인 수호령 '일본 침공 작전' 등을 해보고 싶어서 견딜 수 없다.

아야오리 일본 침공 작전?

문재인 수호령 그러니까 북한과 동맹만 할 수 있으면 할 수 있겠는데 말이지.

'일본을 침략하는 것은 영원한 꿈' -- 그 과거세 의 기억이란

이치카와 예를 들어 '원구 (元寇) 의 시대' 등에 친화성이 있거나, 뭔가 그리운 느낌이 들거나 합니까?

문재인 수호령 음, 원구? 칫. (혀를 참) 뭔가 조금 관계가 있을지도 모르겠다.
 그러니까 그 '혼의 기억' 이란 건 그리 간단히는 나오지 않으니까…….

뭔가 '배를 만드는 방식이 나쁘다'고 쿠빌라이 (KHUBILAI) 한 테서 야단맞은 것 같은 느낌은, 조금 있구나.

아야오리 아, 그렇습니까?

문재인 수호령 음.

아야오리 그러면 정말 고려의 나라에서……

문재인 수호령 원나라 배는 한반도에서 만든 것이며, '고려 배의 만듦새가 나빠서 태풍으로 가라앉았다'라는 말을 들으며 엄청나게 혼났다는 느낌은 있는데.

아야오리 과연. 거기에 계셨군요?

문재인 수호령 음. 응.

아야오리 배를 만들고 있었군요?

문재인 수호령 음. 뭐, 태풍이 나쁜 것이고 배가 나쁜 게 아니야.
아니, 일본 침략은 영원한 꿈이지.

아야오리 아. 거기서 꿈이 나온 셈이군요?

문재인 수호령 음.

아야오리 침략을 하고 싶습니까?

문재인 수호령 그러니까 지금은 그렇게 쓰시마 따윈 너무 작으니까. 최소한이라도 규슈는 빼앗고 싶구나.

아야오리 과연. 원구 때도 쓰시마에 와서, 지금의 하카타(博多) 부근에 온 셈입니다만.

문재인 수호령 응. 일본인을 많이 노예로 데려갔지, 쓰시마에서는.

아야오리 확실히 그러네요.

문재인 수호령 그러니까 규슈의 하카타 부근에서는 제법 무사들이 성채를 쌓고 싸웠으니 말이지. 뭔가 만만치 않아서 말이다. 칫. (혀를 참) 제기랄.
 뭐, '태풍'이라고 말하지만, 1개월 이상 싸웠으니까, 그야 태풍은 오겠지, 계절이 오면. 그러니까 태풍만으로 진 것은 아니란 말이지.
 그러니까 일본인은 이제 그 시절에 '헌법 9조'를 넣어야 했지.

아야오리 그때의 입장은 어떤 처지였습니까?

문재인 수호령 음, 뭐, 잘 모르겠지만……, 그런 종교인은 아니기에 잘 모르지만, 어쨌든 몽골, 아니, 원나라 '동맹국'으로 뭔가 일본 침략을 도왔다고는 생각하지.

아야오리 고려 왕입니까?

문재인 수호령 음, 아니, 왕…….

아야오리 왕까지 가지 않았습니까?

문재인 수호령 왕인지 아닌지는 잘 모르겠다. 잘 모르겠다.

아야오리 군사적인 지도자?

문재인 수호령 잘 모르겠지만. 어쨌든 배를 많이 만든 기억은 있는데, 그게 거의 침몰해서 엄청나게 혼났다는 느낌만은 분명히 기억한다.

아야오리 꾸중 들은 것이군요.

후지이 '가미카제'라고 합니다만.

문재인 수호령 그런 건 속임수지 .

후지이 '일본 신도 (神道) 하느님의 힘이 작용했다' 라고 생각합니다 .

문재인 수호령 뭐 , 그런 건 속임수지 . 그런 건 없어 . 그런 건 없지 . 태풍을 견뎌낼 수 있는 목조선은 그리 간단히 만들 수 없지 . 폭풍 때 바다에 뜨게 한다는 건 좀 힘드니 말이지 . 그건 참으로 시대적으로 무리는 있었다고 생각하지 .

 일본도 '견당사선 (遣唐使船)' 을 많이 파견해도 반은 침몰한 게 아닐까 , 대체로 ? 그러니까 당시의 기술로 만들면 그런 것이니 말이지 . 그건 정말 어쩔 수 없다 . 안 그래 ?

 그러니까 역시 쓰시마에서 하카타 부근은 다시 한번 공격하고 싶은 마음이 있구나 .

아야오리 과연 .

히데요시로부터 조종당한 것에 대한 '1000 년의 반성'

아야오리 조금 영적인 탐구가 되어버립니다만 , 그 후 당신은 '일본 전국시대 (戰國時代) 때 구로다 나가마사로 태어났다'

라고 말해집니다만, 이번에는 반대로 한반도에 가 있어서, 당시 조선 출병으로 조선 분들을 죽였습니다.

문재인 수호령 아니, 그것에 대해 '인류적인 죄'를 느꼈던 셈이지.

아야오리 아.

문재인 수호령 히데요시의 '미친 생각'에 조종되어, 그렇게 도왔다는 것에 대해 깊은 반성의 마음으로써 '1000년의 반성'을 하기로 마음에 맹세한 셈이지.

아야오리 과연. 그래서 또 이번에는 일본을 공격해 오는 셈이군요?

문재인 수호령 그처럼 나쁜 짓을 했다는, 이제 정말 한반도에 와서 '종군위안부'를 많이 만들어 버렸던 것을 깊이 반성하고 있지. 그러니까 지금 '복수'를 해야 한다고 생각하는 것이지.

아야오리 과연.

문재인 수호령 (눈앞의 잡지를 손에 들고 책상에 내던지면서) '한국 여성은 대체로 25명 중의 한 명은 정말로 위안부다' 라고 쓰여 있어 , 이런 잡지에 말이지 . 이런 '거짓말과 같고 사실과 같은 건 쓰지 마라 !' 라고 . 안 그래 ? 한국인 여성은 '25 명 중의 한 명은 매춘부다' 라는 말을 들으면 화를 낼 거다 .

아니 , 이건 실제로 더 있을지도 모르지만 . 어쨌든 , 전통이니까 . 한국에는 '그런 여성이 접대한다' 라는 아름다운 전통이 죽 있으니 말이지 .

그러니까 일본인은 자기들 딸들을 제공하는 것을 꺼리고 , 한국인을 '프로페셔널이니까 사용한다' 라는 건 좋지 않아 .

그래서 역시 한국인이 종군위안부를 만든 건 , 구로다 나가마사가 와서 현지에서 만든 것이지 , 설영 (設營) 한 것이지 . 그러니까 그 반성을 겸해서 지금 한국의 '기생 외교' 를 조금 변경하지 않으면 안 되겠다고 생각하는 것이지 . 내가 시작한 것이니까 , 뭐 .

아야오리 제법 복잡한 혼의 경험을 하셨군요 ?

문재인 수호령 역시 양심이 있는 셈이지 . 혼의 반성이 .

그러니까 자네들 말이지 , 종군위안부가 한일합방 동안만 있었다는 식으로 생각하면 안 되지 . 그건 죽 옛날 히데요시 시대부터 있었던 셈이지 .

'한국은 형이기에, 동생인 일본은 더 존경하고 헌상해야 한다'

아야오리　조금 여러 가지 것을 백지로 되돌려서, 역시 '한국, 한반도가 풍요로워진다. 평화로워진다' 는 것을 생각해야 할 것입니다. 기본적으로 한반도는 죽 중국의 속국으로 해왔고 '그 기간은 별로 행복하지 않았다', 혹은 '풍요롭지 못했다' 는 상태가 죽 계속됐다고 생각하죠.

　그래서 한국에 대해서는 드디어 2차 대전 후가 되어 '미국과 이어져서 풍요로워질 수 있었다', 혹은 '일본과 이어져서 풍요로워질 수 있었다' 라는 것이므로, 이 틀을 뺀다는 것은 정말, 이제 스트레이트로 불행을 향해 갈 수밖에 없게 된다고 생각합니다.

문재인 수호령　음, 그러니까 우리는 조, 피, 수수 등을 먹고 생활했었는데 '일본만 자꾸 풍요로워져 간다' 는 것이 역시 이상하단 말이지.

아야오리　아니, 아니.

문재인 수호령　그러니까 북한의 지금 인민조차도 이제 정말 먹을 것이 없어서, 도대체 몇 명 죽었는지 알 수 없다고 말해진다. 몇백만 명이나 죽었으니까, 굶어 죽었으니 말이지. 정말 자네들 말이지, 이제 인류 사랑이 부족하구나.

아야오리　그 부분은 한국 분들도 잘 이해하고 계셔서, 역시 '미국과 끊어진다' 라든지 '일본과 끊어진다' 는 것은 선택할 수 없다고 생각합니다만.

문재인 수호령　대체로 일본은 중국 문화권에는 속해 있는 셈이지만, 그것은 중국에서 온 것은 아니고, 역시 한반도를 경유에서 일본에 들어간 셈이기에, 한국은 형이고 자네들은 동생이야.

　그러니까 형에 대해 역시 좀 더 존경하는 마음을 가져야만 한다. 형이 지금 곤란한 상황이라면 제대로 동생으로서 헌상 (獻上) 하지 않으면 안 되는 것이지.

아야오리　'헌상한다' 라기보다도 '대등한 관계로서 서로 협력한다' 라는 것은 있다고 생각합니다.

문재인 수호령　대등이 아니야. 이쪽이 가르친 거다, 모두.

　이제 이쪽은 벼농사도, 지금은 좀 약해졌지만, 뭔가 일본만은 풍요롭게 쌀을 먹고, 이제 정말. 정말 말이지.

아야오리　대체로 한 차례 말씀을 들었습니다만, 이후 이것 (본 영언) 이 서적으로 발간됩니다. 그래서 일본에도 일부, 미국에도……

문재인 수호령　(눈앞의 잡지를 손에 들고 보이면서) 그러니까 이런 것이 전부 잘못이라는 것을, 이것으로 논증해 주면 되는 것이지.

그러니까 '안녕, 한국!' 이 아니고 '고맙구나, 한국!', '한국 덕택에 위대한 중국 문화가 일본에 전해져서 일본이 풍요로워 졌습니다' 라는 것이지.

'2차 대전 후, 미국으로부터 부추김을 받고 미국의 몸종을 하여, 나쁜 짓을 여러 가지로 했지만, 이제 미국과도 관계를 끊을 때가 왔다'라고. 그리고 '우리는 모두 종군 노예가 되고, 한국, 북한에서 육체노동을 하며 일하겠습니다' 라고. 안 그래? '일본인 노동자가 와서 북한에서 논밭을 만든다', 그런 일을 하는 시대가 온 것이지.

아야오리 이 영언 내용을 세계 각국 지도자층이 보고 생각할 것은, '병근' 이라는 기사도 있지만, 역시 '조금 병든 게 아닐까' 라고 느낄 것으로 생각합니다.

문재인 수호령 아니, 그럴 리는 없다. 독도라는 것은 바위밖에 없으니 말이지. 역시 쓰시마에서 규슈 북부로 공격해 들어간다. 이것을 살아있는 동안에 하고 싶다.

아야오리 그렇다고 하면, 트럼프 대통령이 어떤 발상을 할지는 모르겠습니다만 '김정은 씨의 참수 작전' 과 같은 수준으로, 참수 작전 대상이 될 수 있는 수준이라고 생각합니다.

문재인 수호령 아니, 트럼프 씨가 보면 일본 따위 이제 중국
의 1성(省)이라고밖에 보이지 않을 것이다, 정말.

 음. 아마 중국에서도 돈을 뜯어낼 생각이겠지만, 일본에서
도 뜯어낼 생각은 있을 테니 말이지.

 대체로 미국의 자동차공업을 망하게 한 것은 일본이니 말이
지, 우선, 도요타 등을 접수하지 않으면 안 되겠구나. 강제
징용하여 도요타 사람들을 모두 '노예'로 삼아서 미국에 데
리고 가서 미국에서 징용공으로 일을 시켜야만 하는 게 아닐
까?

아야오리 이건 정말, 조금 앞으로가 걱정됩니다만. (쓴웃음)

문재인 수호령 나, 뇌가 발광했나? 발광하지 않았지?

아야오리 음……, 어떻게 말할까요.

문재인 수호령 혼이니까 뇌는 없기에, 발광하지 않는다.

아야오리 어떻게 할까요.

문재인 수호령 뭐?

아야오리 좋습니까? 이대로 가도 좋습니까?

문재인 수호령 자네들 잡지는 전혀 구독되지 않으니까 괜찮아. 걱정 없다.

아야오리 뭐, 우리로서는 이 영언에 대해서도 제대로 보도하겠습니다.

문재인 수호령 (질문자 후지이, 이치카와를 가리키면서) 자네, 이제 이쪽 두 사람은 어이없어하고 있다. 자네가 뭔가 발광하고 있으니까 어이없어하지 않나? 자네, 양식 있는 의견을 말해라, 제대로.

7. 문재인 대통령의 잠재의식을 읽는다

영계에서 '히틀러 군은 나를 선생님이라 부르고, 부근의 구덩이에 있다'

이치카와 지금 '문재인 대통령의 정신구조는 어디서부터 와 있는가' 라고 생각하고 있었습니다만, 역시 '한(恨)'의 사상이 한국에 있습니다만.

문재인 수호령 그건 세뇌 사상이지. 이제 한국인인 이상, 뭔가…….

아니, 하느님이 유대 신과 같은 게 아닐까? 유대 신은 '질투하는 신' 이지? 역시 한국의 신도 '질투하는 신' 이지. 그러니까 타민족을 질투하는 거야.

이치카와 질투가 그 깊숙한 곳에 있습니까?

문재인 수호령 '자민족만이 번영하는 것이 옳다' 라는 하느님이라고 생각하지.

그러니까 자네들은 '(한국에) 신은 없다' 라고 말하지만, 신은 있단 말이지, 아마. 1900년간 유대 신이 없었던 동안, 분명 한반도에 와 있었던 것이지.

그리고 '더 질투하라', '일본을 질투하라. 중국을 질투하라' 라고 가르치고 있어서 '자민족을 번영시켜라' 라고. 이런 것을 가르치고 있었던 게 아닐까?

아야오리 실제로 누군가와 대화하고 계십니까?

문재인 수호령 응? 응? 누군가?

아야오리 문재인 씨 수호령님은 저 세상에서 무솔리니 씨로 존재하신다고 생각됩니다만, 누군가와 교류하고 계십니까? 어떤 사람과 대화하고 계십니까? 누군가의 목소리가……

문재인 수호령 뭐, 히틀러 군 등은 나에게 아직 '선생님'이라고 부르고 있지.

아야오리 선생님?

문재인 수호령 응.

아야오리 선생님이라고 부르고, 오는 셈이군요?

문재인 수호령 응. 그에게 파시즘을 가르친 것이 나니까.

아야오리 과연.

문재인 수호령　그러니까 '멋지구나' 라고 생각하지. '이탈리아의 파시즘, 멋지구나' 라고 생각하고, 경례할 때 손을 드는 방식까지 연구했을 정도지, 히틀러 군은. (오른손을 들면서) 내가 올리는 방식, 이렇게 해서. '아, 저건 좋구나' 라고. '하일 히틀러'.

아야오리　그건 가끔 와서 어느 정도 대화를 하는 상태인가요?

문재인 수호령　응? 아니, '옆의 구덩이에 있다' 는 것이니까, 지금.

아야오리　옆의?

문재인 수호령　응. 응.

아야오리　과연. 구덩이인 셈이군요?

문재인 수호령　구덩이지.

아야오리　구덩이에 계시는 셈이군요?

문재인 수호령　응. 구덩이다.

아야오리 어두운 셈이군요?

문재인 수호령 아니, 어두운지 아닌지는 모르겠다. '동굴'이
다.

아야오리 동굴?

문재인 수호령 응. 동굴.
 그러니까 옛날부터 계속되는 긴 '저것'이니 말이지, 인생이
니 말이지. 역시 가장 안전한 것은 암벽에 둘러싸인 동굴이
지. 그것이 역시 폭풍도 견뎌내는 힘을 가졌지.

아야오리 아…….

문재인 수호령 방공호도 되고 말이다. 여차할 때는 말이지.

영계에서 '트루먼 군이 와서 말한' 내용이란

아야오리 그 밖에 찾아오는 분은 어떤 분입니까?

문재인 수호령 응? 그 외에 찾아와서…….

아야오리 예. 지금 말씀하신 '일본에 대한 원한' 과 같은 것을 어드바이스하는 분도 계시는 셈이죠?

문재인 **수호령** 아, 음. 아, 트루먼 군 (해리 S. 트루먼 전 미 대통령) 이 요전에 왔었지.

아야오리 오호.

문재인 **수호령** 응. 그래서 역시 '한국전쟁 때 핵폭탄을 떨어 뜨려 두었어야 했다' 라는 말을 하고 있었지.

아야오리 과연.

문재인 **수호령** '그렇게 했으면 이런 일은 없었다' 라고. '자네들은 더 행복했을 것이다' 라는 말을……

아야오리 행복 말입니까?

문재인 **수호령** 음. '통상의 전쟁을 했기에 이렇게 되어버렸다' 라고. 그러니까 역시 '핵을 히로시마, 나가사키에 떨어뜨렸을 정도로 "인류에 대한 죄" 따위의 말에 현혹되었던 것이 잘못이었다' 라고 트루먼 군이 말하고 있었지.
  그러니까 역시 근원을. '중국군과 김일성 머리 위에 핵폭탄을 떨어뜨려 두었더라면 됐다. 맥아더는 옳았다' 라고 말하고 있었지.

아야오리 과연. 그 경우에는 북한 측이 없어져서…….

문재인 수호령 그 경우는 없어져서 모두가 한국이다. 모두가 한국이고 '통일 한국'이 존재한 것이다, 칠십몇 년 전에.

아야오리 과연.

문재인 수호령 70년 정도 전인가? (트루먼은) 그렇게 해야 했지.

 히로시마, 나가사키에서 20~30만 명이 죽어봤자 이런 건 '벌레'야. 아무래도 좋은 것이지. 그런 것을 도의적으로 반성하는 건 좌익도 인권파도 아니지. 벌레는 벌레니 말이지. 그러니까 저런 악을 계속하지 못하게 하려면 위에서 자꾸자꾸 떨어뜨려 주었으면 좋았다.

아야오리 트루먼 전 대통령의, 지금 시점에서의 조언은 무엇입니까?

문재인 수호령 응?

아야오리 문재인 대통령에 대한 조언은 뭔가 있습니까?

문재인 수호령 응. '핵무기라는 건, 만들면 반드시 떨어뜨리고 싶어지는 법이다' 라는 식의 말을 하고 있었다. '특히 민족의 독자성이 강하면 반드시 사용하고 싶어지는 법이다. 그러니까 북한과 이스라엘이 언제 핵무기를 사용할 것인지, 주목해서 보고 있다' 는 식의 말을 하고 있었다.

아야오리 오. 조금 악마와 같네요.

문재인 수호령 그런가? 아니, 우리는 일본이 망해서 행복해진 쪽이니까.

아야오리 과연. 우리의 이해로는 지옥에 있어야 할 분들이 나오거나 들어가거나 하면서……

문재인 수호령 왜냐하면 일본이야말로 지옥이잖아? '통째로 지옥' 이잖아? 1억 2000만이 지옥인 게 아닐까, 이것? 일본이라는 건 지옥의 도깨비 섬이야.

행복의 과학 서울과 대구 지부 신자는 검거된다?

아야오리 '무솔리니 씨의 혼으로서도 대단히 힘든 상태에 있다' 라는 것은 알겠습니다.

문재인 수호령 어쨌든 말이지, 자네들, 책이나 상영회든 좋을 대로 해도 좋지만, 서울과 부산이었던가, 대구였나, 어디였나? 대구였나? 자네들은 (서울과 대구에) 지부를 가지고 있지? 거기의 신자들은 모두 검거될 가능성이 있단 말이지. '국가에 대한 반란죄' 로 검거될 위험이 있다. 조심하는 게 좋다. 한국에서는 한국에 반대되는 사상은 허용되지 않으니까.

아야오리 그건 '한국은 이미 완전히 자유주의 진영이 아니게 된다' 라는 것이라고 봅니다.

문재인 수호령 이제 빨리 철수하는 쪽이 좋다.

이치카와 행복의 과학은 한국 분들의 행복을 위해 활동하고 있으니까요.

문재인 수호령 불행을 위해 활동하잖아? 무슨 말을 하는 거냐? 그러니까 행복의 과학에 소속한 사람들은, 한국 안에서는 비국민이며, 지금 계속 시달림을 당하니 말이지.

이치카와 아니, 전혀 그런 일은 없습니다.

문재인 수호령 그건 이제 언더그라운드지. 정말 지하활동이지. 완전히 비공인 (非公認) 존재다.

　그러니까 자네들은 '자기들이야말로, 일본이야말로 도깨비
섬이며 지옥의 본거지다' 라는 것을 잘 알아야 한다. 자네들
을 '괴롭히는' 것은 정의야, 역사적으로.

'일본의 신은 사람을 거칠게 부리고 인색하며 수
탈하는 신'

후지이　역시, 일본의 신은 싫습니까? 일본 신도의 신들은 대
단히 격이 높은 하느님으로서 영계에 존재하십니다만.

문재인 수호령　아니, 일본의 신은 뭐라고 할까, 사람을 거칠
게 부리고, 대체로 인색하고, 대체로 수탈이 목적이어서 좋
지 않구나. 그러니까 도리이(鳥居)를 많이 세워서, 한국의
하느님 쪽은 모두 쫓겨났지. 2차 대전 후, 도리이는 모두 깡
그리 불태워 버렸지만 말이지. 그러니까 한국의 '다카마가하
라(高天原)'는 없는 것이야, 지금 말이지.

아야오리　일본 신도의 책임은 아니라고 생각합니다.

문재인 수호령　아니, 일본 신도지, 나쁜 짓을 한 건?

아야오리　그 이전부터라고 말해집니다.

문재인 수호령 음.

후지이 전국시대 만이 아니라, 예를 들어 '메이지 유신' 때 등에 관해서 뭔가 감상은……?

문재인 수호령 '세계 최악'의 혁명이지, 메이지 유신 따위는.

후지이 결국, 지금의 여러 가지 정치문제도, 한일합방 등에 전부 역류 (逆流) 해서 '일본이 했던 것은 전부 잘못이었다' 라는 방향으로 가져가려고 하는 것처럼 보입니다.

문재인 수호령 왜냐하면 '정한론 (征韓論)' 등을 세운 건 사이고 다카모리 (西鄕隆盛) 지?

후지이 예.

문재인 수호령 저런 동상 따윈 우에노 (上野) 에서 이제 '힘껏 날려버리지 않으면' 안 돼. 저건 이미 때려 부수지 않으면 안 돼. 거기에 종군위안부의 상을 세워야 하지.

아야오리 일본은, 기본적으로 죽 한반도의 근대화를 소망해 왔습니다만, 아직도 그것이 이루어지지 못한 셈입니다. 그런 관계라고 생각합니다.

문재인 수호령 '(일본은) 한글을 부활시켜서 널리 퍼뜨렸다' 라든지, 여러 가지 잘난 듯이 말하지만 말이지. 한글을 널리 퍼뜨린 덕분에 우리는 '세계의 고아'가 됐으니 말이지, 지금. 저런 건 없는 게 좀 더 세계적으로는 발전하고 있었으니 말이지.

아야오리 조금 전까지는 한자도 사용하고 있었습니다만, 그것을 없애버린 것은 한국의 정책이죠?

문재인 수호령 중국어라도 좋았고, 영어라도 좋았다. 좀 더 발전했을지도 모르지. 한글을 사용하는 곳은 달리 없잖아, 온 세계에?
 지금은 일본의 백화점이나 관광지가 한글을 조금 공부하기 시작하여 손님을 모으기 시작했는데 손님이 오지 않게 되었으니까 이제 곧 쇠퇴한다.

'지금 나는 세계 중심에 있다'

아야오리 슬슬 시간이 되었으므로……

문재인 수호령 자네들은, 결국 아무것도 논점을 채울 수 없었지 않은가? ('정론', 'WiLL' 등의 잡지를 손에 들면서) 이렇게 잘못된 잡지를 폐간하기 위한 활동은 아무것도 없단 말인가?

아야오리 내용으로서는 거기에 나온 '병근' 이…….

문재인 수호령 병근?

아야오리 수호령 씨의 수준에서는 극단적으로 나와 있다는 것을 알았습니다.

문재인 수호령 '병근' 이 아니고 '신념' 이지? 신념이지?

아야오리 뭐, 신념이겠지요, 방침으로서는.

문재인 수호령 그러니까 '히틀러 군의 선생님이다' 라는 것을 알아 두어라. '"아베 파시즘" 등에 뒤지는 내가 아니다' 라는 것을 알아 두어라. 이쪽이 '위' 다. 선생님이니 말이지.

아야오리 널리 이 상태를 알려서 한국에 대한 대응을 세계에서 맞춰 가야 할 것입니다.

문재인 수호령 대체로 일본이 너무 약했기 때문에 이탈리아는 망한 것이니 말이지. 미드웨이 부근에서 철저히 미국을 박살 내고, 미국의 서해안까지 점령했었다면 말이지, 미국에는 이제 정말로 독일이나 이탈리아를 공격할 여유는 없었으니 말이지.

아야오리 뭐, 이탈리아는 너무나도 약했으므로, 말도 안 되는 상황이었다고 생각합니다.

문재인 수호령 '너무나도 약했다' 니……. (이탈리아는) 세계의 이상이었단 말이다.

아야오리 아니, 아니, 아니.

문재인 수호령 이탈리아는 로마제국의 부활을 목표로 했었으니까.

아야오리 죄송합니다만, 이탈리아는 거의 전력(戰力)으로 계상(計上)할 수 없었습니다.

문재인 수호령 그래도 2차 대전 후를 보면, 반공주의는 옳았던 것이 아닐까?

아야오리 그건 그러네요.

문재인 수호령 그렇지?

아야오리　예.

문재인 수호령　그러니 말이지, 나는 세계 중심에 있는 것이
다, 지금.

'마오쩌둥은 나보다 죽 아래쪽 사람으로 나를 간단히 만날 수 없다'

이치카와　참고로, '중국의 예전 국가주석 마오쩌둥을 별로
좋아하지 않는다' 라고 이전에는 말씀하셨습니다만…….

문재인 수호령　응, 응, 응.

이치카와　지금은 마오쩌둥 씨를 좋아합니까? 역시 '자기가
위' 라고 생각하십니까?

문재인 수호령　마오쩌둥 따윈 죽 '아래쪽 사람' 이니까, 나를
그리 간단히 만날 수 없는 게 아닐까?

이치카와　그런 의미로 '만날 수 없다' 고?

문재인 수호령　그리 간단히 만날 수 없는 게 아닐까, 마오쩌

둥 따윈 ? 나를 만나려면 누군가의 '연고' 가 없으면 .

아야오리 '영계에서도 기본적으로는 고립된 것일까' 라고 느
낍니다만 .

문재인 수호령 아니 , 틀렸다 . 질서가 있는 것이지 . 나 같은
'고차원 존재' 를 만나려면 , 마오쩌둥이라도 힘든 거다 . 사다
리를 타고 올라와야 하니까 .

아야오리 지상에서도 상당히 고립하고 있으므로 '영계에서
도 같은 상태일 것이다' 라고 상상할 수 있습니다 .

8. '"아베 파시즘" 따윈 별것 아냐'

'파시즘의 진정한 "위력" 은 이런 게 아니야'

문재인 수호령 어쨌든 말이지, 아베를 먼저 쓰러뜨리고 싶은 것이지. 저쪽이 퇴임하지 않는 한, '내가 대통령을 그만둔다' 는 게 이해가 가지 않는다.

"아베 파시즘" 따윈 이미 별것 아냐. 정말로 말이지, 흉내 낸 것뿐이니 말이지. 파시즘을 하려고 하는 것이지? 하지만 저런 건 본질이 아냐. 파시즘의 진정한 '위력' 이라는 건 이런 게 아냐.

아야오리 과연.

문재인 수호령 인민의 혼을 사로잡지 않으면 안 된다. 지지율 99% 정도로 사로잡지 않으면 역시 안 되지.

아야오리 한국 국민의 마음도 점점 표명되어 간다고 생각되니까요.

문재인 수호령 규슈를 뺏어 줄 테니 말이지. 두고 보아라. 그게 싫으면 500 조 엔 정도 내라.

아야오리 500 조 엔 !?

문재인 수호령 그렇게 하면 , 북한을 모두 재개발할 만큼의
힘이 나온다 .

아야오리 '전적인 몽상' 이라고 말하겠습니다 .

문재인 수호령 '몽상리니 (무솔리니의 변칭)'인가 ? 뭐 , 좋다 .

아야오리 그러네요 . (웃음) 감사합니다 .

'일본은 헌법 9 조와 함께 바다에 가라앉아라'

문재인 수호령 (이치카와에게) 자네 , 한국의 지부는 언제
닫을 참인가 ?

이치카와 아니 , 지금 점점 (신자가) 늘어나서 발전하고 있으
므로 걱정하지 마세요 .

문재인 수호령 아니 , 지금 탈주자가 계속되고 있지 ?

이치카와 아니 , 아니 .

문재인 수호령 일본의 종교 따위에 속해 있으면 이제 취직할 수 없지, 지금.

이치카와 한국에서도 인기여서…….

문재인 수호령 그럴 리가 없지. 왜냐하면 어디도 고용해 주지 않을 터다. 그럴 리가 없다.

이치카와 점점 늘어나서 발전하고 있습니다.

문재인 수호령 거짓말쟁이. 역시 일본인이구나. 거짓말쟁이다.

이치카와 아니, 아니.

아야오리 이번 영언으로 문재인 대통령의 미래를 알게 되었다고 봅니다.

문재인 수호령 내 발언으로 대체 무엇이 결정된 것이냐, 앙? 뭔가?

아야오리 그것에 대해서는 세계가 객관적으로 판단할 것입니다.

문재인 수호령　내가 정직했던 것은 사실이지. 내 양심에 걸고 정직했지.
　그래서, 하고 싶은 말을 분명히 했지.

아야오리　그러네요. 정직하다고 생각합니다.

문재인 수호령　북한의 핵무기를 없앨 의향이 없는 것도.

아야오리　예.

문재인 수호령　미국은 (북한의 핵무기를) 없애려고 하지만, 트럼프 씨도 점점 포기하고 있고, 일본도 그러다가 포기하겠지.
　그러니까 '헌법 9조'와 함께 일본은 가라앉아라. 바다에 가라앉는 게 좋다.

아야오리　(문재인 대통령도) 김정은 수준의 '세계의 적'으로 다가가고 있다고 생각합니다.

문재인 수호령　북한에 경제지원을 해줌과 동시에, 북한 핵미사일이 부산까지 도로를 달릴 수 있도록 해주려고 생각하니 말이지.

아야오리　과연. '훌륭한' 플랜입니다.

문재인 수호령 자네들의 최후는 가깝다.

'트럼프는 인색하다. 오바마는 상냥해서 좋았다'

이치카와 트럼프 대통령에게 전하고 싶은 것, 말하고 싶은 것은 있습니까?

문재인 수호령 트럼프 씨인가? 음. 인색하구나. 어쨌든 인색해. 역시 저런 '정치가 경험'이 없는 사람을 대통령으로 만들면 안 돼. 아, 나도 없었나? 아니, 있었을지도 모르겠다.
 (트럼프 대통령은) '장사'로 하고 있으니까 (미국은) 빨리 대통령을 바꾸는 게 좋아.
 역시 오바마 씨는 좋았다. 기본적으로는 오바마 씨는 상냥했다. 우리의 비참한 종군위안부라든지, 저런 게 있으면 '불쌍하구나'라고 정말 마음속에서부터 동정해 주었다는 생각이 드는구나. '일본에 더 핵폭탄을 떨어뜨려 두었으면 좋았다'라고, 정말 눈물을 흘리면서 생각했던 게 아닐까?

아야오리 과연.
 오늘은, 전번과 전전번에 비교해서…….

문재인 수호령 순수해졌다. 의견이 말이다.

아야오리　예. 중심 부분을 가르쳐 주셨다고 생각합니다.

문재인 수호령　한국만이 말이지, 몰락해서 가라앉는다는 것은 있을 수 없으니 말이지. 자네들도 함께 가라앉힐 테니 말이지.

아야오리　아. '함께 침몰하고 싶다' 는 것입니까?

문재인 수호령　'일본 침몰' 이지, 목표는.

아야오리　'다 같이' 라는 것이군요.

문재인 수호령　태풍도 최근에 잘 엄습하고 있고, 이제 일본을 가라앉히고 싶은 것이 아닐까?

아야오리　과연. 대단히 잘 알았습니다.

문재인 수호령　일본의 도시는 모두 해발 제로 미터 지대가 아닌가? 안 그래? 그러니까 해일이나 해수위가 올라가기만 해도 이제 가라앉는 게 아닌가? 중국이 석탄을 자꾸 태우고 있으니 말이지, 그러다가 해수위가 올라가서 모두 가라앉지, 일본의 도시는.

행복실현당에 대한 '조언'

아야오리 지상의 문재인 대통령도 지금 대단히 힘든 상황이라고 생각되므로, 부디 한국으로 돌아가서 인도를 해주셨으면 하고 바랍니다.

문재인 수호령 자네들, 쓸데없는 짓 하지 말고, 홍콩으로 '죽임을 당하러' 가라. 대신 홍콩이라도 가라. 저건 일본인에 대한 것이었을까, '머리를 때려 버렸다'는 게? 최루탄도 쏘아 버렸다.

아야오리 함께 싸워 가고 싶습니다.

문재인 수호령 자네들의 정당은 전혀 인기가 없지, 일본에서도? 그건 그럴 것이다.

아야오리 아니, 아니. 이제부터니까요.

문재인 수호령 아니, 중국이나 한국, 북한을 적으로 돌리는 정당이 이길 수 있을 리가 없다. 그건 그렇다.

이치카와 문재인 대통령으로부터 행복실현당에 대한 '조언'은 있습니까?

문재인 수호령 '북한에 쌀을 100 만 톤 보내자' 라든지 '종군 위안부상을 행복실현당의 손으로써 일본의 주요 도시 전부에 설치하자' 라든지, 그런 운동을 한다면 표를 얻을 수 있는 정당으로서 크게 약진한다. 그러니까 정책을 바꾸는 게 좋다.

아야오리 점점 방언 (放言) 으로 들어오고 있으므로 이쯤 해서 끝내고 싶습니다.

문재인 수호령 나, 과격해졌나?

아야오리 그러네요. 어떤 의미로 '순수' 해지고 있다고 생각합니다. (쓴웃음)

문재인 수호령 응.

아야오리 전혀 불필요한 것이 섞이지 않은 것 같은……

문재인 수호령 아니, (제 2 차 세계대전 때) 이탈리아는 패배했지만, '일본해군은 좀 더 강하다' 라고 생각했던 것이 큰 오산이었지, 정말. (바다에서) 실전 경험이 전혀 없는 미국 따위에 지다니 정말 한심한 일이었다.

아야오리 그건 일본인으로서도 그렇게 생각합니다.

'한국 대통령은 유엔 사무총장보다 훌륭한 세계적 존재'

문재인 수호령 한국 대통령은 유엔 사무총장보다 훌륭하니 말이지. 잘 그걸 생각해라. 세계적 존재니 말이지.
'이것이 정의라고 모른다면 자네들은 사이비종교다' 라는 것이니 말이지.
아베 군에게도 한 마디 말해둬야겠구나. '빨리 그만둬라'.

아야오리 과연. 알았습니다.

문재인 수호령 그것뿐이다.

아야오리 예. 감사합니다.

문재인 수호령 아.

9. 경제 , 정치 , 매니지먼트를 모르는 변호사 대통령 -- 영언을 마치며

북한과 합병 후 , 한국은 망하여 떠받치는 힘은 없다

오오카와 류우호오 (손을 두 번 친다) 확실히 초조한 상태일 터이므로 , 아마 이전보다도 입장은 나쁘겠지요 .

아야오리 그러네요 .

오오카와 류우호오 '일본 경제보다도 한국 경제와 중국 경제가 붕괴하는 쪽이 먼저다' 라는 것이 대략적인 견해로는 있습니다 . 중국 경제 쪽이 조금 크므로 붕괴하면 영향은 크겠지만 , 한국 쪽이 부서지는 것은 빠를지도 모르겠네요 .

아야오리 예 .

오오카와 류우호오 결국 , 한국은 북한과 합병한 데에서부터 망할 테니까요 . 떠받치는 힘은 없지요 .

아야오리 예 .

오오카와 류우호오 역시 서독과 동독이 합병했을 때, 동독의 경제 상태는 나빴지만, 그래도 구소련 위성국으로서 경제력은 으뜸이었으니까요. 으뜸인 경제력이었던 동독이었어도, 서독에 비교하면 몇 분에 1도 되지 않았습니다.

 그러니까 지금 한국이 북한을 흡수 등을 하면 대단히 무거운 짐을 짊어진 느낌이 될 것입니다.

아야오리 예.

오오카와 류우호오 아마도 '100킬로의 덤벨을 어깨 위에 짊어져서 마라톤을 해라' 라는 말을 듣는 것 같은 무게일 것으로 생각됩니다. 지금 그 무게가 걸려오는 것이 아니겠습니까? 42㎞를 달리기는커녕 '100킬로나 되는 덤벨을 짊어지고 한 걸음 걸을 수 있는가, 두 걸음 걸을 수 있는가' 라는 느낌일까요?

'인권파 변호사로서 배상금을 받아먹는다' 는 것밖에 모르는 문재인 대통령

아야오리 그 의미로 문재인 대통령은 '경제는 전혀 모른다' 라는 것이지요.

오오카와 류우호오 모르는 것 같네요. '경제'도 '정치'도,
실은 모른다. '매니지먼트'도 모른다. '기업의 성공 구조'도
모른다. 여하튼 인권파 변호사로서 좌익적으로 공격할 뿐이
고, 재판에서 이겨서 배상금을 받아먹는다. 그 외는 이제 모
른다는 것이라고 봅니다. 여기에 집중하고 있으므로, 열심히
옛날이야기를 꺼내서는 배상금을 받아먹으려고 하는 것이겠
지요.

아야오리 과연.

오오카와 류우호오 유감이지만 '(한국에는) 인재가 없다'
라는 것이죠. 그것은 자업자득이지요. 좀 더 좋은 사람을 (대
통령으로) 선택하면 좋습니다만, 이제 없겠지요.
 어차피 여기는 교육 자체가 이상하다고 생각됩니다. 일본에
관한 것만이 아니라, 이미 교육 자체가 자기들을 개선하는 교
육이 되어있지 않지요.
 지금까지는 '반일'만 해 두면 좋았던 것이, 일본이 전략적
무시에 들어갔더니, 결국 말하고 말해도 반응이 없는 상태가
되고 있는지도 모르겠습니다.

한국 쪽에 '더 정식적인 역사 인식'을 요구한다

오오카와 류우호오 2차 대전 후, 일본이 한국을 위해 열심히 해왔던 것 등을 정당하게 평가하지도 않고 보도도 하지 않아서, 국민도 모르는 상태겠지요.

 1965년에 * '한일청구권 협정'으로 청구권 포기를 해도, 그 후에도 실제로는 일본에서 한국에는 상당한 금전 원조를 해왔습니다. 하지만 그런 것을 국민에게는 알리지 않았을 것입니다. 역사 인식에 대해서는, 한국에 대해 정식적인 것을 요구하고 싶다고, 나는 바라고 있습니다.

 유감이지만, 이것도 어느 종류의 '심술쟁이'겠지요.

아야오리 예.

오오카와 류우호오 이제 무슨 말을 해도 안 되는 상황이겠지요. 그러니까 이것은 이제, 기본적으로는 거리를 둘 수밖에 없겠네요.

 하지만 중국이 무너지면 갑자기 나약해질 것입니다.

---

*1965년에……1965년의 '한일기본조약 체결' 이후, 일본에서 한국에 지원한 금액은, 현대의 가치로 환산하면 53조 엔(약 540조 원)을 넘었다.

가치관이 뒤집힐 때가 다가오고 있다

오오카와 류우호오　지금 일본과 중국이 아시아의 리더십을 겨루고 있겠지만. 다만, 미국 쪽은 '전쟁 (제 2 차대전) 때의 동맹국이다' 라고 생각해서 중국을 들어 올리고 있었던 것을, 인제 그만두려고 하기에, 이제부터는 '중국의 몰락' 이 시작됩니다. 역사가 바뀌는 것을 보고 싶네요.

　행복실현당도 버텨낼 수 있으면 뭔가 또 좋은 일이 있을지도 모르겠습니다. 가치관이 뒤집히는 시기가 다가오고 있다고 생각합니다.

　그러면 이상입니다.

질문자 일동　감사합니다.

후기

　한국에는 헌법 위에 '정치법(情治法)'이라는 것이 있어서 '국민감정'이라는 것이 '정의'를 정하는 열쇠가 되는 것 같다.

　거기에는 신의 가르침도, 민주주의도, 법치국가도 존재해서는 안 된다.

　이번 리딩에서는 문재인 대통령의 사고 흐름의 원류를 밝혀낸 것이 한 가지 스쿠프였을 것이다.

　그렇구나, 자기자신이 '종군위안부'의 창설자이며 원구 때의 고려 선박을 조형하는 책임자였는가? 그 복잡한 혼의 정신적 외상이 저 이상한 많은 발언이 되고 있는가?

　이탈리아의 무솔리니 전 수상도 '신'이 되고 싶었겠구나. '신'이 되지 못한 것은 전부 일본군의 책임이었던 셈이다. 일본이 너무 약했던 것이 문제였던 것 같다. 그렇다면 이번에는 확실히 책임을 수행하지 않을 수 없겠다.

2019년 9월 3일

행복의 과학 그룹 창시자 겸 총재 오오카와 류우호오

《단말마 문재인 한국 대통령 수호령의 영언》 관련 서적

《문재인 한국 새 대통령 수호령 인터뷰》
(오오카와 류우호오 저 행복의 과학 출판 간행)
《문재인 수호령 vs. 김정은 수호령》 (위와 같음)
《일본은행 총재 구로다 하루히코 수호령 인터뷰》
(위와 같음)
《수호령 인터뷰 트럼프 대통령의 결심》 (위와 같음)
《시진핑 수호령 위구르 탄압을 말하다》 (위와 같음)
《마오쩌둥의 영언》 (위와 같음)

오오카와 류우호오

행복의 과학 그룹 창시자 겸 총재.

1956년 7월 7일, 도쿠시마 현(德島縣)에 태어난다. 도쿄대학 법학부 졸업 후, 대형 종합상사에 입사하여 뉴욕 본사에 근무하는 한편, 뉴욕 시립대학 대학원에서 국제금융론을 공부하였다.

1981년, 대오(大悟)하여 인류구제의 커다란 사명을 가진 '엘 칸타아레'임을 자각하였다. 1986년, '행복의 과학'을 설립. 신자는 세계 100개국 이상으로 퍼지고 있으며, 전국 및 전 세계에 정사(精舍)와 지부정사 등을 700곳 이상, 포교소를 약 1만 곳에 전개하고 있다.

설법 횟수는 2,900번을 넘었고(그중 영어설법 130번 이상), 또 저작은 31 언어로 번역되어, 발간 수는 전 세계에서 2500 종을 넘는다. (그중 공개영언 시리즈는 500종 이상) <태양의 법>(행복의 과학 출판 간행)을 비롯한 대부분의 저작은 베스트셀러, 밀리언셀러가 되고 있다.

또, 영화 '서로 빛나는 생명. ─마음에 다가붙는다 2─'(도큐먼트, 같은 해 8월 공개), '세계에서 희망이 사라졌다면'(실사, 같은 해 10월 공개), '심령 카페 "엑스트라"의 비밀'(실사, 2020년 공개) 등, 18작의 극장용 영화를 제작 및 총지휘하고 기획하는 것 외에도 영화 주제가와 삽입곡 등 100곡을 넘는 작사와 작곡을 손수 다루었다. 해피사이언스 유니버시티와 학교법인 행복의 과학 학원(중학교, 고등학교) 창립자, 행복실현당 창립자 겸 총재, HS 정경숙(政經塾) 창립자 겸 명예숙장(名譽塾長), 행복의 과학 출판(주) 창립자, 뉴스타 프로덕션(주) 회장, ARI Production(주) 회장이기도 하다.

행복의 과학의 안내

행복의 과학은 1986년, 오오카와 류우호오 총재에 의해 입종되었습니다.

입종 이래 30년간, 진실한 인생관에 근거한 '행복'을 널리 퍼뜨리기 위해 활동을 전개해 왔습니다.

인간은 육체에 혼이 깃든 영적인 존재이며 마음이야말로 그 본질이라는 것.

우리는 이 세상과 저 세상을 몇 번이나 전생윤회(轉生輪廻)하여 여러 가지 인생경험을 통해 자기자신을 성장시켜 가는 존재라는 것.

신불(神佛)이 실재하고, 과거에도 현재에도 미래에도 인류를 이끌고 있다는 것.

이러한 영적인 진실을 널리 퍼뜨리고, 인간에게 있어 진정한 행복을 탐구함과 동시에, 신불이 바라는 평화롭고 번영한 세계를 실현하는 일이야말로 행복의 과학의 사명이요, 목적입니다.

그 사명을 위해 행복의 과학은, 강연이나 서적, 미디어에 의한 계몽활동과 수많은 사회공헌 활동을 하고 있으며, 게다가 현실적인 여러 문제를 해결하기 위해, 정치나 교육, 국제사업에도 힘쓰고 있습니다.

영적인 진실이 상실되고, 종교의 가치가 상실된 현대에, 행복의 과학은 종교의 가능성에 계속 도전하고 있습니다.

사랑

행복의 과학의 '사랑'이란 주는 사랑입니다.

이것은 불교의 자비와 보시의 정신과 같습니다.

신자는 불법진리를 전함으로써 많은 분들이 행복한 인생을 보낼 수 있기 위한 활동에 애쓰고 있습니다.

깨달음

'깨달음'이란 스스로가 부처의 자녀임을 알아차린다는 것입니다.

교학과 정신통일에 의해 마음을 연마하여 지혜를 얻고 고뇌를 해결함과 동시에 천사·보살의 경지를 지향하여 보다 더 많은 사람들을 구할 수 있는 힘을 익힙니다.

유토피아 건설

인간은 지상에 이상세계를 건설한다는 고귀한 사명을 가지고 태어났습니다. 사회의 악을 막고 선을 추진하기 위해 신자는 적극적으로 여러 활동에 참가합니다.

연락처

행복의 과학 지부정사·지부·거점은 전 세계에 퍼져 있습니다.
자세한 바를 알고 싶은 분은
http://www.happy-science.org/
또는
https://happyscience-na.org
를 검색해 주십시오.
전 세계에 퍼진 행복의 과학 지부의 일부를 소개합니다.

Korea (Seoul)
74 27gil Sadang-ro,
Dongjak-gu, Seoul, Korea
Phone: 82-2-3478-8777
Fax: 82-2-3478-9777
Email: korea@happy-science.org
http://findus.happy-science. org/53/

Korea (Daegu)
3F 1374-3 Beommul-dong,
Suseong-Gu, Daegu, Korea
Email: daegu@happy-science.org
http://findus.happy-science. org/55/

USA (New York)
79 Franklin Street,
New York, NY10013, USA
Phone: 212-343-7972
Fax: 212-343-7973
Email: ny@happy-science.org
Website: https://happyscience-na.org

Japan (Tokyo)
1-6-7 Togoshi, Shinagawa,
Tokyo, 142-0041 Japan
Phone: 81-3-6384-5770
Fax: 81-3-6384-5776
Email: tokyo@happy-science.org
Website: www.happy-science.org

Australia (Sydney)
516 Pacific Hwy Lane Cove North,
2066 NSW Australia
Phone: 61-2-9411-2877
Fax: 61-2-9411-2822
Email: aus@happy-science.org
Website: www.happyscience.org.au

United Kingdom (London)
3 Margaret Street,
London, W1W8RE,UK
Phone: 44-20-7323-9255
Fax: 44-20-7323-9344
Email: eu@happy-science.org
Website: www.happyscience-uk.org

출판사 소개

IRH Press Co., Ltd.(행복의 과학 출판 주식회사)는 1987년에 행복의 과학 출판 부문으로 도쿄(東京)에서 설립되었습니다.
종교서 및 정신적인 서적, 정기간행물, 잡지 등을 발간하면서 TV·라디오 프로그램 및 영화제작도 하고 있습니다.
자세한 내용은 OkawaBooks.com을 참조하십시오.

Books by Ryuho Okawa

태양의 법

이 한 권을 만나기 위해 당신은 태어났다.

행복의 과학 기본서이면서 가장 중요한 경전인 본
서에는 북법진리의 장대한 윤곽과 전체상, 그리고
다가올 새 시대를 인도하는 가치관이 제시되고 있
다. 창세기와 사랑의 단계, 깨달음의 구조, 문명의
유전을 밝혀내고 주 엘 칸타아레의 사명을 인류에
게 제시한 현대의 성전.

가림출판사 / 155*200mm / 319 쪽 / 값 18,000 원

신앙의 법

인종 문화 정치 그리고 종교

인종, 문화, 정치, 그리고 종교 – 다양한 가치관의
차이를 넘어서 이 지구는 '하나'가 될 수 있다.
지구의 시작, 인류 탄생의 비밀, 인생의 진실, 사랑
의 본질, 그리고 전쟁을 끝내는 방법, 인류가 추구
해 왔던 '영원한 의문'에 대한 '답'이 설명된다.
당신이 가진 어떤 고민이나 괴로움도, 이 세계의 싸
움이나 증오의 연쇄조차도,
'믿는 힘'에 의해 초월해 갈 수 있다 --.

가림출판사 / 153*201mm / 240 쪽 / 값 17,000 원

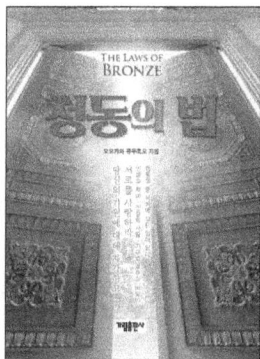

청동의 법

당신의 기원에 대해 자각하고 서로를 사랑하라

유한한 인생 속에서 영원한 진리를 붙잡는다 ---.
지구 기원과 미래, 우주의 신비, 그리고 '사랑'이
갖는 힘을 밝힌 법 시리즈 제 25 탄! 이 문 저편에 '
모든 답'이 있다.

가림출판사 / 153*201mm / 248 쪽 / 값 17,000 원

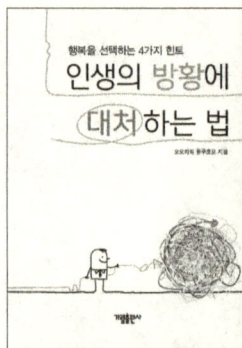

인생의 방황에 대처하는 법

행복을 선택하는 4 가지 힌트

완벽을 추구하기보다도 좋은 인생 선택을. 만일 인생 고뇌의 미로에 들어가 버렸다면 이 한 권에 해결의 출구가 있다 !

가림출판사 / 155*200mm / 124 쪽 / 값 12,000 원

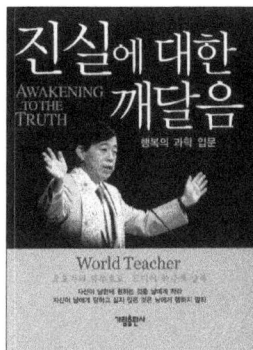

진실에 대한 깨달음

붇타로부터 2500 년. 예수로부터 2000 년. 지금 당신은 지고신 엘 칸타아레를 만난다.

2011 년 11 월 오오카와 류우호오 브라질 5 회 연속
강연이 대망의 서적으로! 사랑과 축복의 소중함, 인
생의 목적과 사명, 그리고 영계의 신비와 신앙의 의
미. 국경을 넘고 인종을 넘어서서 사람들의 혼을 뒤
흔들었다. '행복의 과학 (해피 · 사이언스)' 의 기본
사상이 여기에.

가림출판사 / 155*200mm / 163 쪽 / 값 9,500 원